Cheers!

CHRISTOPHER STARK

Die Welt im Glas

CON BOOK.

Ein kleiner Atlas der Nationalgetränke und Trinketikette weltweit

Alabama Song

Oh, show us the way to the next whisky-bar
Oh, don't ask why, oh, don't ask why
For we must find the next whisky-bar
For if we don't find the next whisky-bar
I tell you we must die, I tell you we must die!

Oh! Moon of Alabama
We now must say good-bye
We've lost our good old mama
And must have whisky

Oh! you know why.

(Bertolt Brecht,
Auszug aus: *Hauspostille.* Berlin, 1927)

Prolog

Dieses Handbuch bietet den perfekten Überblick über Trinksprüche und Trinkrituale in aller Welt.

Ob als kleiner Helfer für Weltreisen, den nächsten Sommerurlaub oder eine Geschäftsreise: Dieser Atlas der Trinkkulturen liefert das entscheidende Wort für das Anstoßen mit Gastgebern oder neuen Freunden.

Neben den verbreiteten Trinksprüchen[*] selbst und der Aussprache des jeweiligen Wortes finden sich Hinweise zum Getränke- und Alkoholkonsum (pro Kopf)[**] im entsprechenden Land, sodass besser eingeschätzt werden kann, wie trinkfest man jeweils sein muss.

Daneben werden Hinweise auf wissenswerte Trinksitten, Rituale und Verhaltensregeln beim Trinken oder Zuprosten beschrieben. Auch wird für die Länder eine Auswahl beliebter Getränke aufgeführt, die also besonders prägnant für das Land sind und die Kultur prägen. Die Auflistung erhebt dabei keinen Anspruch auf Vollständigkeit, sondern soll interessante Informationen über die nationale Trinkkultur herausgreifen.

Dieses Buch ist zugleich ein kleiner Atlas der Trinkkultur und ein Wörterbuch für das »Prost-Sagen« in aller Welt.

Wir wünschen viel Spaß beim Lesen!

* Ein Hinweis zu den Sprachen: Wenn es sich um in Deutschland gängige Sprachen wie Englisch, Spanisch oder Französisch handelt, wird die Sprache nicht mehr in Klammern dazugeschrieben. Auch nicht, wenn es sich um die Landessprache handelt (zum Beispiel Russisch bei Russland). Wenn zusätzlich Schriftzeichen aufgeführt sind, wird hier die Sprache erwähnt.

** Die Angaben zum Alkoholkonsum pro Kopf und Jahr beziehen sich auf reinen Alkohol. Das heißt, um 1 Liter reinen Alkohol aufzunehmen, muss man etwa 54 Flaschen Bier (0,3 l, 5,5 % Alkohol) oder 12 Flaschen Wein (0,7 l, 12 % Alkohol) trinken.

Die Zahlen zum weltweiten Alkoholkonsum sind WHO-Quellen zwischen 2014 und 2016 entnommen. Sie dienen zur Veranschaulichung von Tendenzen und erheben keinen wissenschaftlichen Anspruch.

Weitere Zahlen zum Export und der Herstellung von Getränken stammen von der Statistik-Webseite Actualitix.com (Zugriff: 03/2018).

Die Länder

Europa

Asien

Einleitung

Kulturelle Hintergründe

Seit Menschengedenken sind Bräuche bekannt, die sich auf das Trinken in der Gemeinschaft beziehen. Dabei sind alkoholische Getränke, die bereits in den alten Hochkulturen hergestellt und konsumiert wurden, eng verwoben mit der Trinkkultur. Bier wurde schon vor 5.000 Jahren im alten China und alten Ägypten getrunken; und Wein seit rund 6.000 Jahren, vor allem in der Region des heutigen Georgiens und Armeniens.

Wein hatte insbesondere auch in der europäischen Antike, im alten Griechenland und alten Rom eine große Bedeutung. Zur Zeit des Römischen Reichs wurden das Getränk und das Wissen um seine Herstellung im Zuge der Expansion in viele weitere Regionen Europas und Nordafrikas gebracht.

Im Mittelalter dann war eine wichtige Motivation für das Trinken von Bier und Wein vor allem die gefährlich schlechte Qualität des Trinkwassers. Man trank zum Teil mehrere Liter Bier täglich, sogar in Krankenhäusern. Auch seit Beginn der Neuzeit, insbesondere seit der Industrialisierung, wurde viel Alkohol konsumiert, um sich von den miserablen Arbeits- und Lebensbedingungen abzulenken.

Die Geschichte der Trinkkultur ist meist also auch die Geschichte alkoholischer Getränke, die seit Jahrtausenden *die* Standarddrogen von Gesellschaften sind. Für die Trinkkultur spielen dabei unterschiedliche Einflussfaktoren eine Rolle, wie naturräumliche Gegebenheiten und spirituelle Auffassungen. Auch in Religionen wird der Alkoholkonsum bekanntlich unterschiedlich gehandhabt. Katholiken haben traditionell stets mehr und mit weniger schlechtem Gewissen getrunken als Protestanten. Und praktizierende Muslime trinken überwiegend gar keinen Alkohol. In wieder anderen Religionen wie im Judentum ist das Trinken stark mit religiösen Ritualen verbunden, was den Konsum insgesamt zu begrenzen hilft.

In sogenannten alkoholdeterminierten Kulturen, unter anderem in Mitteleuropa, trinkt man vor allem zu festgelegten Festen wie Weihnachten oder Geburtstagen (aber nicht nur). In südeuropäischen Ländern ist Alkohol, zumindest Wein, Bestandteil der ganz normalen Alltagskultur. In exzessiven Alkoholkulturen, wie den slawischen Ländern, gehört es geradezu zum guten Ton, regelmäßig sehr viel zu trinken.

Bis heute hat das gemeinsame Trinken in einigen Weltregionen eine sakrale oder spirituelle Bedeutung. Zum Teil handelt es sich dabei um ehemals strikte Regeln, die in der heutigen Welt weniger streng gehandhabt werden. Trinksitten beziehen sich dabei meist eher auf alkoholische und/oder traditionelle Getränke wie Tee und weniger auf moderne, alkoholfreie Getränke wie Limonaden, Energy Drinks oder Mineralwasser.

Rituale & Trinkkulturen

Beim Trinken, Anstoßen und Zuprosten variieren Rituale und Verhaltensregeln stark in den unterschiedlichen Kulturen, aber auch innerhalb von Nationalstaaten sowie entsprechend der sozialen Herkunft von Menschen. Auch spielen geschlechterspezifische Erwartungen und Setzungen eine Rolle, oder das Trinken ist nur zu bestimmten Tageszeiten beziehungsweise zu besonderen

Anlässen akzeptiert. Die meisten dieser Regeln und Verhaltensnormen sind nicht niedergeschrieben, sondern gelten informell. Kulturen unterscheiden sich auch darin, wie formell sie sind und wie umfangreich und streng die geltenden Konventionen und Erwartungen an Familienmitglieder, Freunde oder Gäste angelegt werden. Die Regeln beim Trinken spiegeln unterm Strich die Werte und Eigenheiten der jeweiligen Kulturen wider.

Einige Regeln gelten dabei jedoch relativ universell. An den meisten Orten der Welt sollte man beispielsweise ein angebotenes Getränk (ebenso wie Essen) nicht ablehnen, da dies als unhöflich gilt. In einigen Ländern bestehen für Gäste Verpflichtungen bei sozialen und kulturellen Veranstaltungen – etwa zur Erwiderung eines Toasts, wenn ihn der Gastgeber ausspricht. Für Reisende ist es wichtig, Verhaltensregeln und die wichtigsten Begriffe für das gemeinsame Trinken zu kennen. So können Fettnäpfchen und unangenehme Situationen aufgrund kultureller Unterschiede vermieden werden.

Historische Entwicklungen und Ereignisse spielen für die Herausbildung von Trinkgewohnheiten und -sitten eine wesentliche Rolle. Dazu zählt der Kolonialismus, durch den europäische Kultur mit Gewalt auf der Welt verbreitet wurde. Ein zweiter wichtiger Faktor war und ist der eher friedliche Einfluss durch den internationalen Handel, der bereits seit der Antike florierte. Wie beispielsweise der rege Handel zwischen China und Europa über die Seidenstraße. Damit kamen vor allem Schwarztee und exotische Gewürze nach Europa.

Wie wichtig sogar einzelne historische Ereignisse für die Trinkkultur sein können, zeigt das Beispiel Ungarns, wo Anstoßen mit Bier keine gute Idee ist! Der Grund liegt in der ungarischen Revolution Mitte des 19. Jahrhunderts für die Unabhängigkeit von den österreichischen Habsburgern und für mehr bürgerliche Rechte. Im Zuge der Revolution wurden dreizehn ungarische Generäle exekutiert und die Niederschlagung wurde von den Henkern, wie von den Österreichern gefeiert, indem mit reichlich Bier angestoßen wurde. Dies brannte sich ins nationale Bewusstsein der Ungarn ein, und man schwor sich, 150 Jahre nicht mehr mit Bier anzustoßen. Aber auch heute, nach Auslaufen dieses Zeitraums, gilt die Sitte weiter.

Grob betrachtet können drei Arten von Anlässen identifiziert werden, zu denen Menschen gemeinsam trinken. Erstens im Alltag, wie beim Konsum von Tee oder Kaffee; zweitens im Rahmen von Zusammenkünften, etwa mit Freunden und Familie und Kollegen; und drittens zu besonderen kulturellen Anlässen und Festen wie Hochzeiten, Weihnachten, Silvester oder Geburtstagen.

Weltweit gemeinsam haben die meisten Menschen, dass sie dem Trinken als soziales Ereignis mit großer Leidenschaft nachgehen. Auch bei einigen nicht alkoholischen Getränken wie Tee und Kaffee sind dabei Rituale in vielen Ländern verbreitet. Die Heißgetränke werden zum Beispiel zu den immer gleichen Tageszeiten und/oder in einem festen räumlichen und/oder sozialen Rahmen zu sich genommen. Ob nun nebenbei am Schreibtisch getrunken, oder gemeinsam in gemütlicher Runde am Nachmittag, wie in Großbritannien; oder mit einer ausgedehnten, spirituellen Teezeremonie wie in Japan, China oder im Maghreb traditionell der Fall – oder in Usbekistan oder Gambia, wo der Tee zudem mehr oder weniger feierlich hin- und hergegossen wird.

Kaffee wird zu Hause oder in Cafés getrunken – und ist in vielen Regionen der Welt fester Bestandteil des Arbeitslebens. Sowohl zu Kaffee als auch zu Tee gehören meist schöne Trinkgefäße, vor allem verzierte oder individuell gestaltete Tassen sowie Porzellangeschirr. In russisch geprägten Ländern ist darüber hinaus der Samowar, eine verschnörkelte Teemaschine wichtiger Teil des Alltags.

Gemeinsames Trinken läuft, je nach Kultur, gemeinschaftlich oder eher individualistisch ab. Auch danach unterscheidet es sich, ob man sich zum Beispiel selber einschenken soll, oder von anderen eingeschenkt bekommt. In Japan oder Korea etwa erledigt das der Sitznachbar für einen. In Ländern wie Kuba wiederum trinkt man nicht nur mit seinen Mitmenschen, sondern in gewisser Weise auch gemeinsam mit den »Göttern«. Der erste Schluck einer neu geöffneten Rumflasche gebührt nämlich Letzteren und wird auf den Boden geschüttet.

Noch gemeinschaftlicher ist das Trinken in westasiatischen Ländern wie Georgien oder Aserbaidschan; hier ist es Tradition, einen »Tischmeister« namens Tamada zu bestimmen, der dafür sorgt, dass auch alle Anwesenden ihre obligatorischen Trinksprüche sagen. Diese werden dann mit viel Pathos auf so ziemlich alles und jeden ausgesprochen. Der Wortbeitrag sollte hier besonders originell und gut formuliert sein, was wohl neben dem Unterhaltungsfaktor dafür sorgen soll, dass nicht allzu viel getrunken wird. Schließlich leiden bekanntlich die sprachlichen Fähigkeiten unter dem Einfluss von Alkohol.

In einigen Ländern obliegt es traditionell dem Gastgeber oder der ältesten anwesenden Person, auf den Gast anzustoßen, wobei vom Gast im Gegenzug in einigen dieser Kulturen dann erwartet wird, dass er im Laufe des Essens auch dem Gastgeber zuprostet. Mehrfaches Anstoßen während der Mahlzeit ist überhaupt gerade in den trinkfröhlicheren Regionen üblich. In anderen Ländern ist ein Trinkspruch wiederum nicht obligatorisch und es gibt kein Protokoll oder festgelegtes Ritual für Toasts.

Meistens bestehen aber Rituale oder Aberglauben im Zusammenhang mit dem Trinken. Etwa in der Art, dass wenn man nicht oder nicht korrekt anstoße, man in »Gottes Ungnade« falle und mit sieben Jahren schlechtem Sex bestraft werde. Wichtig ist in vielen, vor allem europäischen Ländern, dass sich die Mittrinkenden beim Anstoßen in die Augen schauen (was aber, je nach Charakter, auch einigen Europäern schwerfällt). Zudem soll man in diesem Kulturkreis beim Anstoßen die Arme nicht überkreuzen. In Tschechien wird das Glas vor dem Trinken zusätzlich dazu auf dem Tisch abgesetzt. In Teilen Asiens, wie in Taiwan hingegen, soll das Glas beim Trinken in der rechten Hand und die linke Hand als Unterstützung darunter gehalten werden. Ebenfalls gilt in einigen Ländern wie Usbekistan zum Trinken das Verwenden der als unrein geltenden linken Hand als unangemessen.

Noch komplizierter ist, dass zum Teil in private und geschäftliche Anlässe unterschieden wird, wenn es um Trinksitten geht. In Russland wird sehr viel getrunken, aber bei geschäftlichen Anlässen ist es häufig noch mehr. In Russland, Osteuropa oder in Japan sollte man also trinkfest sein, wenn man gute Geschäfte machen will.

Der exzessive Alkoholkonsum wird in vielen Ländern zusätzlich angetrieben durch soziale Zwänge, die sich aus Trinksprüchen selber ergeben – wenn man »auf ein leeres Glas« oder »auf ex« trinkt. In diesem Fall soll möglichst schnell getrunken werden, ganz so, als sei der Abend nicht lang genug, um betrunken zu werden.

Vollkommen anders verhält es sich hingegen in der arabischen Welt, in der der Konsum von Alkohol meist geächtet oder sogar streng verboten ist – so unter anderem in Saudi-Arabien, Libyen oder Somalia. Teilweise steht das Alkoholverbot in muslimischen Ländern interessanterweise im Widerspruch zur Tradition, die noch in die Zeit vor der Entstehung des Islams zurückreicht. Wie etwa im Iran, der eigentlich ein klassisches Weinland war; in dem man heute jedoch, wenn überhaupt, nur zu Hause im privaten Rahmen Wein trinkt.

Beliebte Getränke

Je nach Kultur, Klima und verfügbaren landwirtschaftlichen Ressourcen, gehören weltweit unterschiedliche Getränke zum Alltag der Menschen. Ungeachtet davon sind einige Getränke wie Tee oder Bier heute fast überall verbreitet. In unserer globalisierten Welt spielt, zumindest für die reicheren Regionen, kaum noch eine Rolle, von woher ein Getränk kommt, ob es lokal hergestellt oder importiert wurde. Dennoch spielen regionale und naturräumliche Aspekte eine Rolle. Denn Getränke helfen oft, das Klima auszugleichen (Eistee in den Tropen, Glühwein im Norden). Dabei ist der Zusammenhang aber nicht immer so banal, wie das Trinken heißen Tees in Wüstengegenden mit extrem hohen Temperaturen zeigt. Auch andere lokale Gegebenheiten haben einen Einfluss auf die Trinkgewohnheiten, wie zum Beispiel die Trinkwasserqualität. So sind in armen Ländern die Rohrleitungen der öffentlichen Trinkwasserversorgung häufig defekt und einfaches Trinkwasser aus Leitungen kann nicht verwendet werden.

Im Folgenden soll nun kurz beleuchtet werden, wo auf der Welt welche Getränke besonders beliebt sind.

In Europa sind Tee und Kaffee seit dem 17. Jahrhundert verbreitet, waren aber zunächst nur den Herrschern und dem Bürgertum vorbehalten. Sie wurden erst seit dem 20. Jahrhundert zum Standardgetränk in der Breite der Bevölkerung. Auch Tee, sprich schwarzer und grüner Tee, wurde seit dem 17. Jahrhundert aus China nach Europa importiert und war zunächst sehr teuer. Auf der alkoholischen Seite gehören in Mittel- und Nordeuropa sowie in Nordamerika und den ehemaligen Kolonien, vor allem Bier, Wein und Schnäpse zu den beliebtesten Getränken. Und auf der nicht alkoholischen Seite neben Tee und Kaffee, Säfte, Limonaden und Mineralwasser. Fruchtsäfte sind insgesamt traditionell vor allem in den gemäßigten Klimazonen, aber auch in den Tropen und Subtropen stark verbreitet; naturgemäß aber weniger in Wüsten- und Steppengebieten.

In arabischen Ländern und dem gesamten Nahen Osten werden vor allem Tee, Kaffee oder auf Milch und Joghurt basierende Getränke bevorzugt. Wie das Joghurtgetränk Ayran/Laban und seine Varianten – aber auch Kamelmilch in Wüstenregionen.

Milch wird zudem in einigen sehr armen Ländern Afrikas verbreitet getrunken, da das nährstoff- und fettreiche Getränk hilft, Unterernährung zu bekämpfen. In vielen afrikanischen Ländern werden daneben Extrakte lokaler Bäume und Palmen oder Wurzeln zur Herstellung von Getränken verwendet. Dazu gehört beispielsweise Ingwerbier in Zentralafrika – das daneben in einigen asiatischen Ländern und der Karibik getrunken wird. Auch der Saft aus den Früchten des Tamarindenbaums oder des Baobabbaums wird traditionell getrunken. In eigentlich allen tropischen Ländern sind zudem kokosbasierte Getränke verbreitet, etwa in Form von Kokoswasser, oder Kokosmilch. In Südamerika werden Getränke vielfach auf Grundlage von Mais hergestellt.

In vielen Kulturen werden nicht alkoholische, wie alkoholische Getränke auch mit Gewürzen und Kräutern verfeinert. Erfrischungsgetränke auf Basis von Kräutern wie Lemongras, Ingwer oder Hibiskus sind in Lateinamerika, Südostasien oder Afrika beliebt, Getränke mit Anis vor allem in Südeuropa oder mit Kräutermischungen in Mittel- und Nordeuropa.

In tropischen Regionen werden unterschiedliche Getränke auf Basis von Zuckerrohr hergestellt. Etwa Limonaden aus frisch gepresstem Zuckerrohr in Südostasien oder Lateinamerika. Zuckerrohr wird zudem häufig für die Produktion von Rum und Gin verwendet, vornehmlich in der Karibik und in Lateinamerika. Aus Südamerika sowie der Karibik stammen auch bekannte Cocktails und Longdrinks auf Basis von Rum, die sich heute weltweit großer Beliebtheit erfreuen.

In allen Weltregionen sind neben dem viel getrunkenen Bier in seinen Tausenden von Varianten, hochprozentige Alkoholika verbreitet, wobei die Schnäpse in Europa und Osteuropa meist auf Grundlage von Früchten, Getreide oder Kartoffeln hergestellt werden. In Ostasien sind Schnäpse aus

Hirse oder Reis beliebt. Die ausgesprochenen Bierländer finden sich bekanntlich vor allem in Europa; aber auch in Ostasien, Süd- und Nordamerika sowie in Afrika wird sehr viel Bier getrunken.

Alkohol wird in vielen ärmeren Ländern auch heute noch in bedeutendem Umfang privat hergestellt, so wie Hirse-, Reis- oder Bananenbier in afrikanischen Ländern oder Schnaps in den Ländern des Balkan. Alkoholika sind weltweit überall verbreitet, nur kaum in muslimischen Ländern und wenigen anderen Regionen, wie in einigen Bundesstaaten Indiens.

Trinkkultur und Alkohol

Wie unterschiedlich nationale Trinkkultur sein kann, soll anhand von zwei absolut gegensätzlichen Beispielen veranschaulicht werden. Zum ersten mit der großartigen Beschreibung gemeinsamen Trinkens und Feierns aus Lew (Leo) Tolstois Roman »Krieg und Frieden« und zum zweiten mit der Beschreibung einer Szene aus dem deutschen Film »Händler der vier Jahreszeiten« von 1972.

Das erste Beispiel aus Tolstois Roman spielt im Umfeld der gesellschaftlichen Elite Moskaus zu Beginn des 19. Jahrhunderts und zur Zeit der Napoleonischen Kriege:

»Es werden noch viele Toaste folgen, deshalb ist es Zeit, anzufangen«, flüsterte der Graf, nahm das Glas zur Hand und stand auf. Alle schwiegen.

»Die Gesundheit des Herrn und Kaisers!« rief er und in seinen Augen glänzten Tränen des Entzückens. Die Nationalhymne: »Der Donner des Sieges erschalle«, fiel ein. Alle standen auf und schrien Hurra.

Auch Bagration schrie mit derselben Stimme wie damals bei Schöngraben. Der junge Rostow überschrie alle dreihundert Stimmen. Er war dem Weinen nahe. »Hurra!« schrie er und warf sein geleertes Glas auf den Fußboden. Viele folgten seinem Beispiel und es dauerte lange, bis wieder Ruhe eintrat.

Die Diener sammelten die Scherben und alle setzten sich. Dann folgte ein Toast auf Bagration und noch viele andere. Es wurden noch viele Gläser zerbrochen und noch viel geschrien. Bei dem Toast auf den alten Grafen Rostow nahm dieser sein Taschentuch und verbarg weinend sein Gesicht darin.

Der absolute Kontrast zu dieser lebendigen und typisch russischen Trinkgesellschaft findet sich in einer der letzten Szenen des Films *Händler der vier Jahreszeiten* von Rainer Werner Fassbinder aus dem Jahr 1972:

Nachdem ein Arzt der Hauptfigur Hans Epp mitgeteilt hat, dass der Konsum von Alkohol ab jetzt tödlich für ihn ist, sitzt Hans an einem Tisch in seiner Stammkneipe. Um ihn herum Freunde und Familienmitglieder. Auf dem Tisch vor seinem Platz steht eine große Anzahl von gefüllten Schnapsgläsern. Er schüttet das erste Glas herunter. Seine Frau hat Tränen in den Augen und sagt: *»Du wirst sterben Hans, Du wirst sterben«.*

Hans trinkt daraufhin sieben weitere Kurze mit Schnaps. Dann trinkt er weiter – ein Glas nach dem anderen – und setzt jedes Mal schwungvoll ab: *»So, das war für jeden einer – und jetzt einen für meine Mutter* [trinkt], *für meine Schwester Heidi* [trinkt], *für meinen Schwager Kurt* [trinkt], *für meine Schwester Anna* [trinkt] – *und für meine Tochter* [trinkt]. *Und der ist für meine große Liebe* [trinkt]. *Der für die Polizei* [trinkt] *und der für das Gymnasium* [trinkt] *und der für die Legion«.* [trinkt]

Kurz darauf fällt sein Kopf auf den Tisch und er ist tot.

Diese Filmszene repräsentiert zwar nicht unbedingt die in Deutschland typische oder alltäglich vorkommende Trinkkultur; sie zeigt aber, mit welcher hohen gesellschaftlichen und persönlichen Bedeutung das gemeinsame – in diesem Fall das einsame – Trinken aufgeladen ist. Trinken, das in dieser Filmszene ganz untypisch alleine stattfindet, unterstreicht hier die Verzweiflung und Isolation des Hauptdarstellers.

Das Schreiben über das Trinken hat in unserem Kulturkreis Tradition. So wurde dem Wein bereits in der Bibel an mehreren Stellen einen hohen Stellenwert beigemessen. Und auch in der neueren Literatur haben verschiedene Autoren große Stücke auf das Trinken gehalten. Bekannt dafür ist etwa Ernest Hemingway (1899–1961), für den allerdings weniger das soziale Trinken im Vordergrund stand. Bei ihm war es eher das selbstbezogene, vom Weltschmerz motivierte Saufen eines Einzelgängers, der jedoch dabei immerhin versuchte, am Tresen andere Kulturen besser kennenzulernen. Von ihm stammt der Ausspruch *»Don't bother with churches, government buildings or city squares; if you want to know about a culture, spend a night in its bars«*.

Hemingway war, neben einer Reihe anderer US-amerikanischer Autoren des 19. und 20. Jahrhunderts, Alkoholiker und Trinkkultur hatte dementsprechend einen besonders hohen Stellenwert in seinem Leben. Weiteren US-Autoren ging es ähnlich, so etwa Edgar Allan Poe, Truman Capote (Roman *Breakfast at Tiffany's*) oder F. Scott Fitzgerald (Roman *The Great Gatsby*). Aber auch wichtige Personen der deutschen Literatur und Kultur sind in diesem Zusammenhang zu erwähnen – wie Johann Wolfgang von Goethe, der immer wieder die für ihn hohe Bedeutung von Wein hervorhob, oder der Bibelübersetzer und Kirchenpolitiker Martin Luther, der an verschiedenen Stellen die Wichtigkeit des Trinkens betonte. Auch in der neuen Literatur kommt das Thema vor – so bei Sven Regener in seinem Roman *Herr Lehmann* von 2001. Das Buch beschreibt auf eine sehr witzige Art und Weise, wie im Berlin der 1980er-Jahre Bier im Alltag für Teile der Gesellschaft *den* sozialen Klebstoff darstellte.

Grundsätzlich kann man feststellen, dass weltweit viele Kulturen, vor allem europäische und von Europa beeinflusste, zu viel Alkohol trinken. Auch in Europa heute ist Alkohol eine beliebte und häufig verharmloste Alltagsdroge. In Osteuropa trinkt man *viel zu viel* und in Süd- und Mitteleuropa immer noch *deutlich* zu viel. In Nordeuropa mit den langen Wintern und den kurzen Sommern schaut man auch *tief* ins Glas, wobei die Staaten in Skandinavien durch hohe Steuern auf Alkohol entgegenzuwirken versuchen.

Unterm Strich säuft man weltweit betrachtet in Osteuropa am meisten, umgerechnet rund 12–17 Liter reinen Alkohol pro Kopf und Jahr. Spitzenreiter ist Weißrussland mit 17,5 Litern. In Russland sind es immerhin zwei Liter weniger. In westlichen Industrieländern ganz allgemein sind es meist 10–12 Liter pro Kopf und Jahr – ebenso auf dem Balkan. In Lateinamerika und der Karibik wird etwas weniger getrunken, obwohl diese Länder häufig mit Cocktails assoziiert werden; meist zwischen 7–9 Litern. In den nichtmuslimischen afrikanischen Ländern wird mittel bis viel Alkohol getrunken – zwischen 5 und 10 Litern. In Ostasien ist man moderater (6–7 Liter) – mit Ausreißern nach oben, wie in Südkorea. In Zentralasien wird moderat viel Alkohol getrunken, zum Beispiel gut 4 Liter in Indien und Kirgisistan. So gut wie kein Alkohol wird in den arabischen und streng muslimischen Ländern getrunken. Hier liegen die statistischen Werte unter 0,5 Litern pro Kopf und Jahr. Nur der Iran und der Irak stechen trotz der Religion mit rund einem Liter etwas hervor. Der Durchschnittswert liegt weltweit bei rund 4,5 Litern pro Person und Jahr.

Entsprechend der verbreiteten Alkoholarten – ob hochprozentig oder mit geringem Alkoholgehalt – variieren auch die Alkoholmengen, die insgesamt getrunken werden. Zu berücksichtigen hierbei ist auch, dass Männer meist mehr trinken als Frauen und in die statistischen Durchschnittswerte auch Menschen eingerechnet sind, die gar keinen Alkohol trinken, wie etwa Kinder oder Antialkoholiker. Die Mengen für diejenigen Menschen, die Alkohol trinken, sind damit de facto höher.

In sehr vielen Ländern und Kulturen trinkt man, allen Risiken von Alkohol zum Trotz, auf die Gesundheit. Der Schauspieler Heinz Rühmann kommentierte dies einmal ironisch mit den Worten: *»Schon manche Gesundheit ist dadurch ruiniert worden, dass man auf die Gesundheit anderer getrunken hat.«* Naheliegend also, dass diese Trinksitte mit dem schlechten Gewissen zu tun hat.

Es wird aber auch auf andere Dinge als Gesundheit angestoßen. So beinhalten die Standardtrinksprüche in einigen Ländern beispielsweise Glück; oder man trinkt auf ein langes Leben beziehungsweise das Leben selber. In Asien stößt man eher auf den Erfolg an, wie in Malaysia, Singapur oder China. Oder in der Türkei auf die Ehre (was auch immer Ehre bedeuten mag). Weltweit wird daneben zum Beispiel auf das Wohl des Gegenübers oder aber auf die Freude angestoßen. Auch ist das »Prost« in einigen Sprachen sehr wörtlich zu verstehen, wie in skandinavischen Ländern, wo das Wort *Skål,* eigentlich »Schüssel« bedeutet und Bezug nimmt auf ein altertümliches Trinkgefäß. Auch in Thailand wird es wörtlich genommen, denn dort heißt das Prostwort *(chon gâew)* »Gläser zusammenstoßen«. In Brasilien steht *Tim Tim* für das Geräusch selber, das beim Zusammenstoßen der Gläser entsteht.

Der Hauptteil dieses Buchs gibt im folgenden Aufschluss darüber, welche Trinksprüche und -Rituale in den verschiedenen Ländern und Kulturen heute üblich sind. Auch werden ausgewählte, beliebte Getränke dargestellt, damit man sich einen Eindruck darüber verschaffen kann, was man allgemein – und speziell im Hinblick auf den Konsum von Alkohol zu erwarten hat.

Quellen

Brunold, R.: »Geschichte des Alkohols von der Antike bis zur Weimarer Republik«. Link: www.geschichte-lernen.net/geschichte-des-alkohols-antike-bis-weimarer-republik (abgerufen am 08.10.2018).

Listverse.com, 2008: »Top 15 Great Alcoholic Writers«. Link: www.listverse.com/2008/01/22/top-15-great-alcoholic-writers (abgerufen am 21.09.2018).

Magellanworld.net, 2018 (nach Spode, H.): »Trinksitten – Vom Umgang mit dem Alkohol« (nach Spode, H.: »Die Macht der Trunkenheit«, Wiesbaden 2008 / bzw. Opladen 1993). Link: www.magellanworld.net/deutschland_essen_trinken_esskultur_trinksitten.htm (abgerufen am 18.09.2018).

Müller, S., 2016: »Alkohol in der Literatur. Sven Regeners Roman Herr Lehmann und seine Adaptionen«. Link: www.grin.com/document/376889 (abgerufen am 08.10.2018).

SIRC.org, Oxford, 2017: »Social and Cultural Aspects of Drinking – Rules and regulation«. Link: www.sirc.org/publik/drinking5.html (abgerufen am 21.09.2018).

Verschiedene Autoren / Wikipedia, 2018: »Drinking Culture« und »Trinkkultur in Europa«. Links: https://en.wikipedia.org/wiki/Drinking_culture und https://de.wikipedia.org/wiki/Trinkkultur_in_Europa (beide abgerufen am 18.09.2018).

Europa

Der Kontinent kann grob in Nord-, Mittel-, Süd,- und Osteuropa eingeteilt werden. Zwischen diesen Regionen bestehen mitunter große Unterschiede in den Trinkkulturen, den Klimazonen, Landschaftstypen und der regionalen Mentalität der Menschen.

Nord- und mitteleuropäische Länder zeichnen sich durch eine kulturell wie historisch alkohollastige Trinkkultur aus und es bestehen recht viele Regeln für Verhaltensweisen beim gemeinsamen Trinken. Beispiele für solche sozialen Regeln sind in Ländern wie der Tschechischen Republik oder in Deutschland, dass sich die Arme beim Anstoßen nicht überkreuzen dürfen und Blickkontakt gehalten werden soll.

Insbesondere Bier ist ein wichtiges europäisches Getränk, ein stark verbindendes Nahrungsmittel zwischen Mittel- und Osteuropa und soziales Kulturgut. In Großbritannien und Irland besteht rund um das Bier eine ausgeprägte Pubkultur und in Mittel- und Osteuropa entsprechend Bierkneipen und Bierlokale als traditionell wichtige soziale Treffpunkte.

In nordeuropäischen Ländern ist eine Tendenz zu hochprozentigen Getränken deutlich, je nördlicher man kommt. Nordeuropäische Länder haben auch mit großen Problemen mit Alkoholismus zu kämpfen, und das, obwohl Alkohol hoch besteuert wird und weniger zum Alltag gehört als etwa in Südeuropa. Toasts sind beim gemeinsamen Essen und Trinken in skandinavischen Ländern recht weit, in Mitteleuropa etwas weniger verbreitet.

Wohl auch entsprechend den eher niedrigen Temperaturen in Mittel- und Nordeuropa sind Heißgetränke wie Tee und Kaffee beliebt. Sie werden seit Beginn der Neuzeit zu einem großen Teil aus anderen Weltregionen importiert, ursprünglich einhergehend mit kolonialem Handel. Tee ist bekanntlich besonders beliebt in Großbritannien, wo das Getränk einen fast heiligen Status im Alltag der Menschen innehat.

Ebenso wie Bier ist auch Wein stark verwoben mit Kultur und Religion in Europa, wird er doch in der Messe der katholischen Kirche als das »Blut Jesu« getrunken. Aber nicht nur dort, auch in anderen Religionen des Kontinents spielt Wein eine Rolle – wie im Judentum beim Sabbat.

Insbesondere südeuropäische Länder sind durch den Weinanbau und eine dominante Wein-Trinkkultur geprägt. Dort ist das Trinken von Wein ganz normaler Bestandteil des Alltags – ohne dass großartig Rituale mit dieser Tätigkeit verbunden sind. Damit bestehen aber auch weniger Probleme mit Alkoholismus. Nicht nur Südeuropäische, sondern auch Südosteuropäische Länder sind ausgeprägte Weinländer, was einem in Mitteleuropa nicht immer bewusst ist. Gemeint sind die Weinländer Montenegro, die Republik Moldau, Slowenien, Bulgarien, Ungarn, Rumänien oder die ukrainisch-russische Krim – hier speziell als Herkunftsregion für Sekt.

Auf der nicht alkoholischen Seite des Trinkspektrums findet sich im Süden des Kontinents eine hervorstechende Kaffeekultur (aber auch in Nordeuropa wird viel Kaffee getrunken). Insbesondere südeuropäische Adaptionen der Kaffeekultur sind international erfolgreich, wie etwa Café au Lait oder Espresso. In den Straßencafés der Mittelmeerländer werden neben Kaffee auch hochprozentige Schnäpse getrunken, häufig mit Anis aromatisiert und mit Wasser verdünnt.

In Osteuropa wird in der Regel sehr viel Alkohol getrunken. Grob kann man sagen, je weiter östlich, desto mehr. Hochprozentiger Alkohol (aber auch Bier) gehört hier sehr stark zur Alltagskultur und ein angebotenes Getränk abzulehnen, kann als unhöflich angesehen werden. Generell wird im Osten Europas viel Schnaps getrunken, vor allem Wodka, und das gemeinsame Trinken wird als überaus wichtig erachtet.

1 **Gëzuar** [Gösour]: »Prost« oder »erfreut, fröhlich«
2 **Shëndeti tuaj** [Schandehi-Tuai]: »Auf Deine Gesundheit«

Albanien

Überwiegend muslimisches, aber relativ säkulares Land. In der muslimischen Bevölkerungsgruppe (57 %) sind Alkoholkonsum und Trinkrituale weniger ausgeprägt. Ein exzessives Trinkverhalten ist bei einem Teil der männlichen Bevölkerung zu beobachten, sehr selten aber bei Frauen im Land.

Vor allem Schnaps, dann Bier, dann Wein

Beliebte Getränke

Tee Ein sehr verbreitetes Getränk in Albanien, wobei viele Teekräuter im Land selber angebaut werden. Beliebt ist Bergtee, aus den höher gelegenen Gebieten des Landes, der Blätter von sogenannten Gliedkräutern enthält. Aber auch Schwarztee mit Zucker und Zitrone oder Milch wird getrunken.

Dhallë Ein traditionelles Getränk, das auf Basis von Joghurt, gemischt mit Wasser oder Milch, Gewürzen und Salz hergestellt wird. Es ist sehr erfrischend und wird daher vor allem im Sommer getrunken. Im Prinzip handelt es sich um ein ähnliches Getränk wie Dugh oder Ayran.

Konjak Skënderbeu Ein Weinbrand bzw. Cognac, der den Namen des albanischen Nationalhelden Georg Skanderbeg trägt (1405–1468). Skanderbeg verteidigte das Land in einer führenden militärischen Position in einem Krieg gegen das Osmanische Reich. Der Schnaps wird mit Pflanzenextrakten, etwa den genannten Kräutern des Bergtees versetzt und in Eichenfässern gelagert.

Vor allem Wein und Apfelwein, weniger Bier

Beliebte Getränke

Sagardoa/Apfelwein Es handelt sich um einen Apfelwein, der in Fässern gereift ist und keine Kohlensäure enthält. Es gehört zur Tradition, beim Kauf verschiedene Sorten zu probieren.

Izarra Es handelt sich um einen süßen Kräuterlikör, der aus dem französischen Teil des Baskenlandes stammt, heute aber im französischen Angers produziert wird. Es gibt verschiedene Varianten des Likörs, etwa eine gelbe und eine grüne Sorte mit jeweils unterschiedlichen Kräuterzusammensetzungen.

Kalimotxo Das Getränk besteht zu gleichen Teilen aus Rotwein und Cola. Obwohl es nicht alt ist, gilt es als ein Teil der baskischen Kultur. Kalimotxo wird mit viel Eis serviert und wird manchmal auch durch die Zugabe von Schnaps oder Limonade geschmacklich variiert.

1 **Topa** [Tohpa]: »Prost«
2 **Eskerriska** [Eskeriska]: »Zum Wohl«

Baskenland

Autonome Gemeinschaft

Im Baskenland identifiziert man sich traditionell sehr stark mit Apfelwein. Zwischen Januar und Ostern werden ausgedehnte Weinproben in den sogenannten Siderien, also Apfelweinkellereien zelebriert. Dort kann man die Weinproben zusammen mit einem ausgedehnten Essen in mehreren Gängen – direkt neben den großen Fässern – genießen.

1 **Na sdaroue** (На здароўе / Belarussisch) [Nas-dra-oye]: »Auf Deine Gesundheit«
2 **Sto lat** (Polnisch) [Sto-lat]: »Auf dass Du hundert Jahre leben sollst!« (alter polnischer Trinkspruch)

Belarus

Weißrussland

Es gibt eine große Zahl von Brauereien in Belarus und Bier gehört seit Jahrhunderten zur Kultur. Neben großen gibt es auch eine ganze Reihe von kleinen Brauereien, häufig angeschlossen an Restaurants.

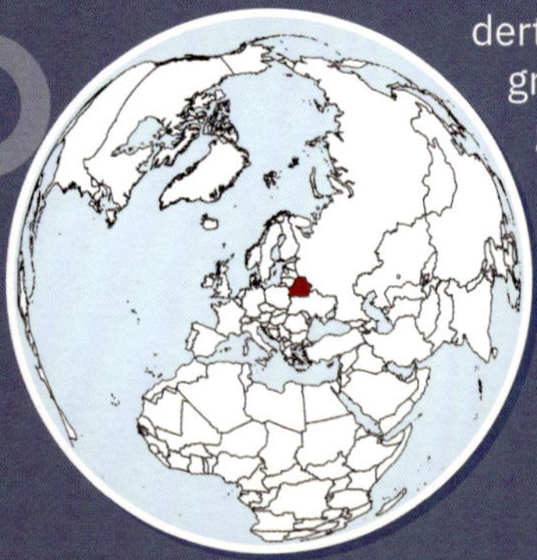

Vor allem Schnaps, weniger Bier

Beliebte Getränke

Kwas Ein nicht alkoholischer Brottrunk, der auf Basis eines Suds aus Roggenbrot und Wasser vergoren wird, teilweise zusätzlich aromatisiert mit Früchten oder Kräutern. Kwas wird in Belarus im Supermarkt oder auf der Straße verkauft – vor allem im Sommer zur Erfrischung. Es wird aber auch bei vielen Belarussen zu Hause hergestellt.

Wodka Das Getränk ist, ebenso wie in Russland, integraler Bestandteil der Alltagskultur, aber auch bei festlichen Anlässen. In Belarus heißt Wodka Harelka, welcher in Abgrenzung zu traditionellem Wodka ursprünglich aus Roggenmalz destilliert wurde.

Belovezhskaya Bitter Es handelt sich um einen bitter schmeckenden Nationalschnaps des Landes mit gold-grünlicher Färbung. Der Schnaps wird mit Lorbeerblättern und anderen lokal wachsenden Kräutern aromatisiert.

1 **Santé** [Sontee]: »(Auf die) Gesundheit«
2 **Gezondheid** (Niederländisch) [Gessundheit]: »(Auf die / Deine) Gesundheit«

Belgien

Toasts werden gelegentlich ausgesprochen – dabei werden die Gläser gehoben und es wird »*Santé*« gesagt.

Vor allem Bier, dann Wein, dann Schnaps

Beliebte Getränke

Bier Belgien ist traditionell ein Bierland und es gibt über tausend Sorten des Getränks. Zu den besonderen Bieren gehört Lambic, das in sogenannter Spontangärung gebraut wird. Das bedeutet, dass die natürlichen Hefen der Brauumgebung verwendet werden und für einen besonderen Geschmack sorgen. Hervorzuheben sind auch die sog. Trappistenbiere, die in einigen Klöstern hergestellt werden und deren Verkaufserlöse sozialen Zwecken zugutekommen. Die meisten Biere in Belgien stammen aus kleinen, lokalen Brauereien und die Bandbreite unterschiedlicher Biervarianten ist überaus hoch.

Genever/Genièvre Ein Wacholder-Schnaps auf Basis von Getreide, von dem es im Wesentlichen zwei Typen gibt: *Oude* (alt) und *Jonge* (jung). Letzterer schmeckt im Prinzip wie Wodka und ersterer etwas malzig. Es gibt etwa siebzig Brennereien für Genever im Land und viele Varianten des Schnapses, etwa mit Koriander, Anis oder anderen Gewürzen.

Wein In Belgien wird traditionell Wein hergestellt, wenn auch nur in geringen Mengen. Besonders beliebt sind französische Weine wie Burgunder, Bordeaux oder Champagner.

Bosnien-Herzegowina

Es handelt sich um ein (zum Teil) muslimisches Land. In dieser Bevölkerungsgruppe (51 %) ist Alkoholkonsum eher unüblich. Insgesamt trinken aber die meisten Menschen im Land und der Alkoholkonsum ist akzeptiert.

1 **Živjeli** (Живели / Serbokroatisch / formeller) [Jiwelli]: »(Auf das) Leben«
2 **Živio** (Живео / Serbokroatisch / informeller) [Jiwau]: »(Auf das) Leben«
3 **Uzdravlje** (уздравље / Serbokroatisch) [Ustrahjä]: »Prost«

Vor allem Bier, etwas weniger Schnaps

Beliebte Getränke

Rakija Verschiedene Obstbrände, die unter diesem Namen zusammengefasst werden. Die Basis für den Schnaps sind Trauben-Trester, Pflaumen, Birnen, Äpfel, Aprikosen oder andere Früchte und er wird häufig privat hergestellt. Zum Teil wird Rakija nach dem Destillieren noch mit Kräutern versetzt. Eine bekannte Rakija-Variante heißt Sliwowitz und besteht aus Zwetschgen.

Boza Ein beliebtes Getränk in Bosnien-Herzegowina und der Region, mit einem geringen Alkoholgehalt von etwa einem Prozent. Das Malzgetränk auf Basis von Mais und Weizen oder Gerste hat eine dickflüssige Konsistenz und schmeckt leicht säuerlich-süß.

Pelinkovac Ein bitter schmeckender Wermut-Likör mit einem Alkoholgehalt von etwa 30 bis 35 %. Eine beliebte Marke des Getränks heißt Zlatni Pelin und beinhaltet 23 Kräuter.

Na zdrave (Наздраве / Bulgarisch)
[Nisdravä]: »Auf die Gesundheit«

Bulgarien

Gläser soll man beim Zuprosten aneinanderstoßen – und sich dabei in die Augen schauen. Bei mehreren Runden des gemeinsamen Trinkens wird das Ritual wiederholt.

Vor allem Schnaps und Bier

Beliebte Getränke

Boza Das leicht alkoholische Getränk wird in Bulgarien meist aus Weizen hergestellt, manchmal auch aus Roggen. Es handelt sich um eine Art Bier mit einer braunen Farbe. Boza ist sehr kalorienreich und nahrhaft und wird etwa zum Frühstück getrunken.

Wein Die Herstellung von Wein hat eine lange Tradition in Bulgarien und das Land ist einer der größten Weinerzeuger weltweit. Die Weine gelten als mehr oder weniger hochwertig, wobei auch viel billiger Wein hergestellt wird. Typisch einheimische Sorten sind u. a. Dimyat, Pamid, Siroka Melniska oder Mavrud.

Mastika Der nach Anis schmeckende Schnaps Mastika enthält knapp 50 % Alkohol und ähnelt dem griechischen Ouzo oder dem türkischen Raki. Er wird stark verdünnt mit Wasser und gekühlt getrunken; oder auch häufig mit einem Minz-Likör Menta zu einem Cocktail namens Oblak (Cloud) gemischt.

Dänemark

Dänemark gilt als fast schon pathologisch trinkfreudiges Land. Diesbezüglich empfehlenswert und erhellend ist der Film *Der Rausch (Druk)* von 2020 mit Mads Mikkelsen in der Hauptrolle.

Skål [Skool]: »Prost« – Das Wort heißt aber zugleich auch Schüssel, Bezug nehmend auf altertümliche Trinkgefäße. Informelle Alternative zu Skål: *»Bunden i vejret eller resten i håret« = »Hoch die Gläser und den Rest ins Haar.«*

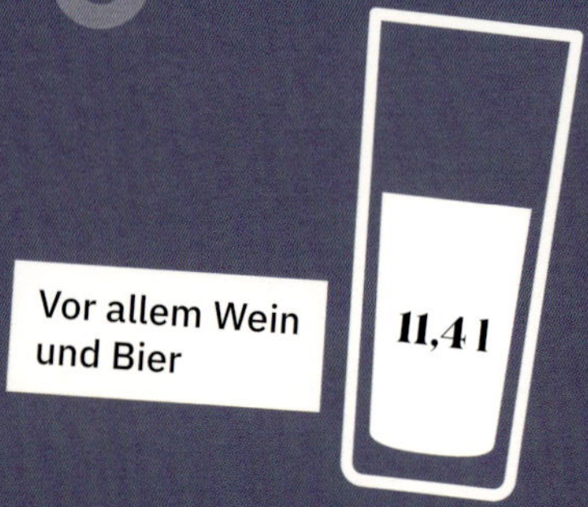

Beliebte Getränke

Gammel Dansk Ein Magenbitter, der mit 29 Gewürzen hergestellt wird, die ihm sein Aroma geben. Darunter etwa Anis, Ingwer und Muskat. Gammel Dansk heißt wörtlich »alt dänisch«.

Akvavit Der Kümmelschnaps erfreut sich großer Beliebtheit in Dänemark und wird häufig zu Festen wie Weihnachten oder Ostern getrunken. Eine der bekanntesten Marken heißt Ålborg und ist nach der Stadt benannt, die sich im Norden des Landes befindet.

Bier Die beliebteste Biermarke Dänemarks ist die auch international verbreitete Marke Carlsberg. Der Hersteller produziert eine breite Palette von Pils-, Stout- und Lagerbieren. Es gibt in Dänemark darüber hinaus aber recht viele Brauereien und Biersorten. Beliebte Marken sind neben Carlsberg u. a. Faxe, Thor, Tuborg und Albani.

Deutschland

11,8 l

Überwiegend Bier, Wein, auch Schnaps

Angestoßen wird in der Regel mit den Gläsern oder Flaschen aller anwesenden Personen, dabei bestenfalls die Arme beim Anstoßen nicht überkreuzen. Außerdem wichtig: Man soll sich beim Anstoßen in die Augen schauen (je nach sozialem Milieu mehr oder weniger wichtig).

1 **Prost!**
2 **Auf ...**
3 **Zum Wohl** (sehr formell)
4 **Prosit** (altmodisch, bayerisch); Prost stammt aus dem Lateinischen Wort *Prosit* (»es möge von Nutzen sein«) ab und wurde Anfang des 18. Jahrhunderts von Studenten erstmals verwendet.

Beliebte Getränke

Bier Bier ist in Deutschland stark mit der Identität verwoben und man ist stolz auf die Biertradition sowie die überaus große Vielfalt an Biersorten. Wichtig zu erwähnen ist natürlich das Reinheitsgebot von 1516. Es schreibt Wasser, Gerste und Hopfen bzw. Hefe und Weizen (je nach Brauart) als die einzigen zulässigen Zutaten im Bier vor. An dieses vom Bayerischen Monarchen Wilhelm IV. aus Gründen der Qualitätssicherung erlassene Gebot, halten sich die Bierbrauer in Deutschland auch heute noch. Am häufigsten werden untergärige Pilsbiere konsumiert und in Süddeutschland eher obergäriges Weizenbier. Daneben gibt es regionale Biersorten wie Kölsch. In den letzten Jahren sind insbesondere auch obergärige Keller- und Bio-Biere beliebter geworden.

Wein In Deutschland wird bereits seit der römischen Besatzung um 50 v. Chr. Wein hergestellt und getrunken. Nicht zuletzt besungen durch die Nationalhymne in ihrer alten, nationalistischen Version: »...deutscher Wein und deutscher Sang sollen in der Welt behalten ihren alten guten Klang ...« Der Höhepunkt des Weinanbaus lag allerdings mit Mittelalter. Vor dem Dreißigjährigen Krieg war die Weinanbaufläche dreimal so groß wie heute. Heute werden vor allem Weißweine hergestellt, von denen Riesling die bekannteste Sorte ist.

Limonaden und Colas Das Land bietet eine große Auswahl »alternativer« Limonaden und Colas, die nicht zu (US-)Weltkonzernen gehören. Dazu zählen die Marken Afri, Fritz, now (bio), Sinalco, Vita. Auch sind in den letzten Jahren viele Bio-Limonaden dazugekommen, etwa die im Brauverfahren hergestellte Bionade.

1 **Je via sano** [Jeä vieah sahno]: »Auf Deine Gesundheit«
2 **Sanon** [Sahnoahn]: »Gesundheit« (auch »Gesundheit« nach dem Niesen)

Esperanto

Künstlich geschaffene, kaum tatsächlich gesprochene Sprache Europas

Esperanto ist eine sogenannte »Plansprache«, sie ist also nicht aus dem natürlichen Sprachgebrauch heraus entstanden, sondern quasi vom Reißbrett aus entworfen. Sie wurde 1887 von Ludwik Lejzer Zamenhof veröffentlicht und wird heute noch in etwa hundert Ländern verwendet, wenn auch nur von insgesamt 1 Mio. Sprechern.

Beliebte Getränke

Alle Getränke, die auch in Europa beliebt sind – siehe Länderbeschreibungen.

Terviseks [Terrevischäks]:
»Auf Deine Gesundheit«

Estland

In Estland gibt es ein Museum für nationale Trinkkultur in Tallinn im Inneren des Dombergs. Das Museum informiert etwa über die Geschichte des Bierbrauens, der Schnapsherstellung sowie der Weinkultur im Land.

Vor allem Bier und Schnaps

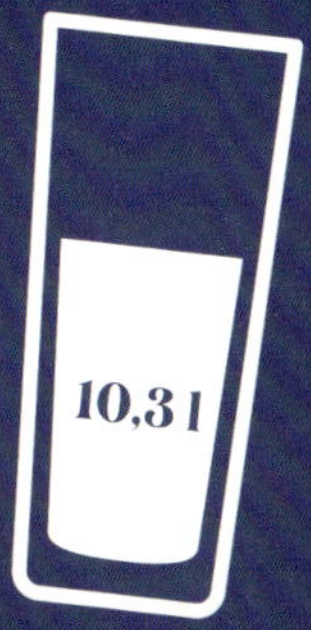

Beliebte Getränke

Vana Tallinn Es handelt sich um ein alkoholisches Getränk auf Basis von Rum, mit einem kräftigen Geschmack nach Kräutern und Zitrusöl, Zimt und Vanille. Vana Tallin wird entweder pur getrunken oder gemischt mit Kaffee.

Bier Das im Land besonders beliebte Getränk stammt zumeist aus heimischer Produktion. Die drei größten Brauereien haben einen Marktanteil von fast 100 %, sind aber im Besitz westeuropäischer Firmen. Inzwischen gibt es auch Bier von vielen kleinen, lokal ansässigen sogenannten Mikro-Brauereien mit einer großen Auswahl an unterschiedlichen Bierarten zu kaufen.

Milchgetränke Normale Kuhmilch, Sauermilch und Kefir sind sehr populär in Estland. Das leicht säuerliche Joghurtgetränk Ayran, das aus Südosteuropa stammt, wird darüber hinaus auch häufig getrunken, wobei die Zusammensetzung des estnischen Ayrans etwas anders ist.

Finnland

Gastgeber sprechen häufig Toasts aus. Die Gäste sollten das erwidern. Eventuell werden beim Zuprosten auch Reden gehalten. Übrigens: In Finnland gibt es den Begriff *Kalsarikännit* [Koahlsarikänitt], was in etwa bedeutet »sich allein zu Hause ganz entspannt in der Unterwäsche betrinken«.

Vor allem Bier, etwas weniger Schnaps und Wein

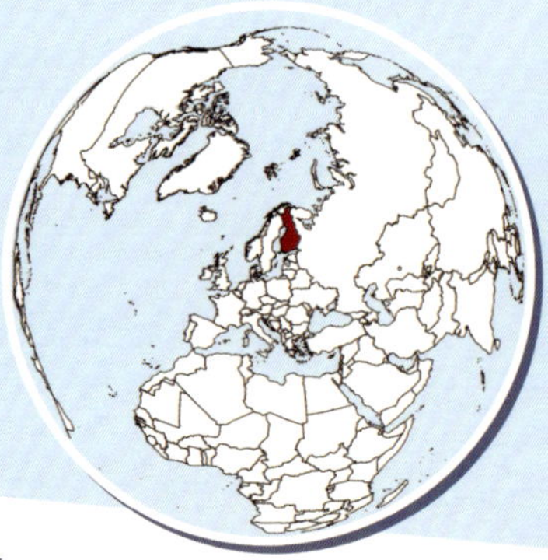

1 **Kippis** [Kiepiss]: Wortherkunft aus dem Deutschen: »Die Gläser kippen« bzw. »Kipp es!«
2 **Hölökyn kölökyn** (Dialekt der Region Savo) [Höllökünn köllökünn]: »Runter damit/Prost«
3 **Skål** [Skool]: »Prost«
4 **Pohjanmaan kautta** [Pochianmaan-kaudta]: »Auf ex!«

Beliebte Getränke

Koskenkorva/Kossu Ein Schnaps, der auf Basis von Getreide gebrannt wird. Das meist einfach Kossu genannte Getränk ähnelt Wodka, wird aber nicht mit Aktivkohle gefiltert. Es gibt verschiedene Getränke-Varianten auf Basis des Schnapses, zum Beispiel Salmiakki Koskenkorva, ein Mixgetränk mit der aufgelösten Süßigkeit Türkisch Pfeffer, einem Salmi-Bonbon.

Bier Finnland hat eine lange Biertradition und es wird viel Bier getrunken. Die beliebteste Marke heißt Lapin Kulta, und ist in verschiedenen Varianten verfügbar. Der Name bedeutet »das Gold Lapplands« und bezieht sich auf die Goldsucher, die im 19. Jahrhundert in die Stadt Tornio kamen, in der die Brauerei gegründet wurde. Jeden April feiern die Finnen in der Hauptstadt das Helsinki Beer Festival.

Kaffee Zwölf Kilo Kaffee wird pro Kopf pro Jahr in Finnland getrunken, was weltweit der zweite Platz ist. Die Finnen mögen hochwertigen Kaffee, der meist aus hell gerösteten Kaffeebohnen aufgekocht wird.

Meistens Wein, deutlich weniger Bier und Schnaps

Beliebte Getränke

Wein Frankreich ist eines der wichtigsten Weinländer und knapp nach Italien der zweitgrößte Weinproduzent weltweit. Die Franzosen trinken bekanntlich auch viel Wein, vor allem zur Hauptmahlzeit. Es gibt eine große Vielfalt von Weinsorten und Marken, wobei der Schwerpunkt auf Rotweinen und im Süden auch auf Rosés liegt. Weltberühmt ist Champagner, ein hochwertiger Schaumwein aus dem Nordosten des Landes, der, wie Cava aus Spanien, in Flaschen vergoren wird.

Pastis Der Schnaps auf Basis von Anis ist besonders beliebt im Süden des Landes. Er wird gerne von alten Herren an heißen Sommernachmittagen verdünnt mit Wasser auf der Straße oder in Bars getrunken. Durch das Verdünnen mit Wasser wird das Getränk weißlich-trüb. Pastis ist im Prinzip das gleiche wie Ouzo in Griechenland oder Raki in der Türkei.

Cidre Der kohlensäurehaltige Apfelwein französischer Art reift meist in der Flasche und trägt dann den offiziellen Namen Cidre Bouché. Er ist vor allem im Norden Frankreichs beliebt und traditionelle Herkunftsgebiete sind die Bretagne sowie die Normandie. Ein Branntwein, der aus Cidre destilliert wird, heißt Calvados.

Santé [So<u>n</u>tee]: »(Auf die) Gesundheit«

Frankreich

Formale Trinksprüche oder Rituale sind nicht obligatorisch. Man kann einfach darauf los trinken. Wenn man anstößt, ist Augenkontakt wichtig.

1 **Yamas** (γεια μας) [Ja-Mass]: »Prost/Auf die Gesundheit«
2 **Stin iya mas** (στην υγειά μας / Griechisch / formeller) [Stine-Jaschu]: »Auf unsere Gesundheit«
3 **Eviva** (εβίβα / Griechisch) [Ehviewah]: »(Auf das) Leben«

Griechenland

Es ist üblich, mit den Schnapsgläsern vor dem Trinken ggf. auf den Tisch zu klopfen. Wichtig: Ein Schnapsglas nie umdrehen und auf den Tisch stellen. Das wäre eine große Beleidigung.

Vor allem Wein und Schnaps

Beliebte Getränke

Ouzo Beliebter Schnaps in Griechenland, der auch weltweit bekannt ist. Es handelt sich um einen mit Anis gewürzten Weinbrand, der überall im Land recht günstig erhältlich ist und mit Eis getrunken wird. Es gibt auch andere Ouzo-Varianten, die mit Zimt, Fenchel oder Nelken versetzt sind.

Wein Griechenland hat eine lange Tradition des Weinanbaus, der seit mehr als 4.000 Jahren im Land stattfindet. Es werden vor allem Rot-, aber auch Weißweine angebaut. Die in der Gastronomie des Landes verbreiteten günstigen Weine schmecken meist nicht schlecht. Eine verbreitete Variante des Weißweins heißt Retsina und schmeckt stark nach Baumharz, was nicht unbedingt jedermanns Sache ist.

Mastix-Likör Dieses hochprozentige Getränk wird aus dem Harz einer Pistazien-Baumart (Mastix) gebrannt. Der Schnaps gilt als sehr hochwertig und lecker und dient auch als Grundlage für verschiedene Cocktails. Das Mastix-Harz wird neben der Nutzung für den Likör auch für verschiedene industrielle Anwendungen benötigt, etwa für die Herstellung von Farben und pharmazeutischen Produkten.

Grönland

Autonomes Territorium Dänemarks

Ein paar Worte zur Wassersituation: Grönland ist die Insel mit der mit Abstand größten Reserve an trinkbarem Süßwasser (ca. 2,6 Millionen Kubikkilometer) – in Form allein der Eisschicht, die die Insel bedeckt. Beim vollständigen Abschmelzen durch den Klimawandel würde der Meeresspiegel weltweit geschätzt um gut 7 Meter (!) ansteigen.

Kasuutta [Gassudda]:
»Lass die Gläser zusammenstoßen«

Überwiegend Bier und Schnaps

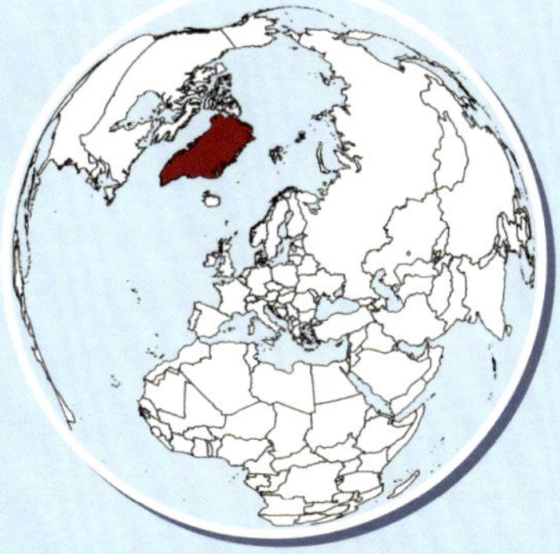

Beliebte Getränke

Bier Grönländisches Bier wird zum Teil nach dem deutschen Reinheitsgebot hergestellt. Erwähnenswerte Biere sind zum einen das Weihnachtsbier von der Brauerei Nanoq und zum anderen Eis-Bier, das mit über 2.000 Jahre altem Gletscherwasser hergestellt wird.

Sïku Es handelt sich um einen Wodka, der mit dem sauberen Gletscherwasser des über 60.000 Jahre alten Qaleraliit-Sermia-Gletscher hergestellt wird. Das Wort *Sïku* bedeutet auf Grönländisch Eis.

Kaffee Man trinkt vor allem nach der Hauptmahlzeit Kaffee. Bei einer Zubereitungsart wird Kaffee zusammen mit den Schnäpsen Whisky, Kahlúa, Grand Marnier und Schlagsahne gemischt und vor dem Trinken angezündet.

Irland

Es gibt eine Reihe weiterer Varianten, um Prost zu sagen, die aber lokal sehr unterschiedlich sind. Toasts werden nur bei Anlässen wie Hochzeiten ausgesprochen.

1. **Sláinte** (Gälisch) [Slontschä]: »(Auf die) Gesundheit«
2. **Sláinte mhaith** (Gälisch) [Slontschä uai]: »Gute Gesundheit«
3. **Cheers** [Tschiers]: »Prost«

Vor allem Bier, dann Wein, dann Schnaps

Beliebte Getränke

Bier Die Iren trinken sehr gerne Bier, vor allem obergärige Stout-Biere, zu denen auch die weltweit bekannte Marke Guinness gehört. Guinness ist dunkel, mit viel Malz und einem cremigen Schaum, wobei die Konsistenz des Schaumes entsteht, da beim Zapfen vom Fass 30 % Kohlensäure und 70 % Stickstoff verwendet werden. Bei anderen Bieren wird meist ausschließlich Kohlensäure verwendet. Daneben werden auch leichtere Biere, Ales oder Lager, gerne getrunken.

Whiskey Der Schnaps stammt ursprünglich aus Irland und wird verdünnt mit Wasser bei Zimmertemperatur getrunken (nicht mit Eis). Seit dem 19. Jahrhundert hatte die Nachfrage nach Whiskey international stetig abgenommen, nahm seit den 1990er-Jahren aber wieder zu.

Tee Irland ist noch vor Großbritannien das Land mit dem zweithöchsten Pro-Kopf-Verbrauch von Tee (nur in Kuwait wird mehr Tee konsumiert). Das Heißgetränk wird in Irland traditionell mit Milch und Zucker getrunken, am häufigsten als Schwarztee.

Skál! [Skaul]: »Prost«

Island

Alkoholische Getränke, insbesondere in der Gastronomie, sind extrem teuer. Getränke, die mehr Alkohol enthalten als ein Leichtbier, müssen in staatlichen Läden gekauft werden, die *Vinbudin* heißen.

Vor allem Bier, etwas weniger häufig Schnaps und Wein

Beliebte Getränke

Brennivín Ein ungesüßter Schnaps, der auf Basis von Getreide hergestellt und mit Kümmel aromatisiert wird. Der Name bedeutet übersetzt brennender Wein und trifft das Gefühl beim Trinken sehr gut.

Bier Der Ausschank von normalem Bier war in Island bis 1989 verboten. Nur Léttöl, ein leichtes Bier mit besonders geringen Alkoholanteil konnte in Bars getrunken werden. Heute erfreut sich auch »normales« Bier großer Beliebtheit auf der Insel. Die beliebtesten Marken sind Egils und Viking, jeweils in verschiedenen Varianten.

Wodka Wie in vielen nördlichen Ländern, wird auch in Island Wodka hergestellt und getrunken. Die beiden Marken Elduris und Icy sind besonders verbreitet.

Vor allem Wein,
auch Bier

Italien

Man soll sich in die Augen schauen und nicht überkreuzt mit anderen anstoßen. Manche setzen das Glas vor dem Trinken auch auf dem Tisch kurz ab.

Beliebte Getränke

Wein Italien ist eines der bedeutendsten Weinländer und der größte Weinproduzent weltweit – deutlich vor Frankreich. Die Weine haben eine lange Tradition und meist eine hohe Qualität. Auch, weil die klimatischen und bodenmäßigen Bedingungen des Landes ideal sind. Italiener trinken am häufigsten Rotwein, meistens zum Abendessen.

Grappa Ein Schnaps, der aus den gepressten Rückständen von Weintrauben nach der Weinherstellung destilliert wird. Durch die Lagerung in Holzfässern erhält der Schnaps zusätzlichen Geschmack. Grappa gilt als eines der Nationalgetränke und wurde historisch 1451 das erste Mal erwähnt. Während des Ersten Weltkriegs bekamen die italienischen Soldaten tägliche Grappa-Rationen, um die Stimmung zu heben.

Bier Obwohl der Pro-Kopf-Konsum in Italien recht niedrig ist, hat Bier doch vor allem im Norden des Landes Tradition. Auch beeinflusst durch das benachbarte Österreich. Bier ist vor allem bei jüngeren Menschen in Italien recht beliebt; insbesondere Lagerbiere, aber auch fruchtige oder kräuterige Sorten. Zu den beliebtesten Marken zählen Nastro Azzurro (Peroni) und Heineken.

1 **Salute** [Saludä]: »(Auf die) Gesundheit«
2 **Chin Chin** [Tschin-Tschin]: »Kling-Kling« (soll den Klang von Gläsern imitieren, die zusammenstoßen)
»*Chin Chin*« ist informeller, »*salute*« formeller.
Alternative: »*Alla goccia*« heißt frei übersetzt: »Ex oder Hose«.

Katalonien

Autonome Gemeinschaft Spaniens

Eine Besonderheit in Katalonien ist ein häufig für Wein genutzter sogenannter Schnabelkrug bzw. *Porrón*. Es handelt sich dabei um ein Glasgefäß mit einer länglichen Tülle (dem Auslass), über die der Wein in den Mund gekippt wird, wie mit einer kleinen Gießkanne.

Salut [Sal<u>ut</u>]: »(Auf die) Gesundheit«

Überwiegend Wein und Schnaps

Beliebte Getränke

Cava-Sekt Wie in den anderen Gebieten Spaniens wird in den katalanischen Gebieten viel Wein angebaut. In diesem Landesteil werden daraus vor allem auch hochwertige Cava-Sekte in Flaschengärung hergestellt, ähnlich wie beim französischen Champagner. Meistens sind Cava-Sekte Bruts, das bedeutet, sie enthalten 15 g Restzucker pro Liter (süße Sekte haben dagegen über 50 g/Liter).

Wein Das Weinbaugebiet Katalonien bietet ein großes Spektrum an Weinen und Rebsorten. Das Kontinentalklima der Region mit heißen und trockenen Sommern, aber relativ kalten Wintern, ist eine gute Voraussetzung für aromatische Rosés und Weißweine.

Wermut Das Getränk Wermut gehört in Katalonien zur Trinkkultur, stammt aber ursprünglich aus Italien. Es handelt sich um einen Wein, der mit Zucker, Kräutern und Absinth versetzt ist sowie einen höheren Alkoholgehalt als Wein hat.

Kroatien

Vor allem Bier und Wein, weniger Schnaps

Alkoholismus ist in Kroatien ein Problem, über das aber öffentlich kaum diskutiert wird. Positiv demgegenüber zu bemerken ist, dass der Alkoholkonsum im Land in den vergangenen Jahren deutlich zurückgegangen ist.

1 **Živjeli** (Живели / Serbokroatisch / formeller) [Jiwelli]: »(Auf das) Leben«
2 **Živio** (Живео / Serbokroatisch / informeller) [Jiwau]: »(Auf das) Leben«
3 **Uzdravlje** (уздравље / Serbokroatisch) [Ustrahjä]: »Prost«

Beliebte Getränke

Wein In Kroatien wird Wein seit der Antike angebaut. Der Schwerpunkt bei der Herstellung liegt auf Rotweinen und insgesamt gibt es eine große Bandbreite unterschiedlicher Rebsorten. Gerne wird Rotwein mit Wasser gemischt getrunken, wobei dieses Getränk Bevanda heißt.

Rakia Ein beliebter Schnaps auf Basis von Weintrauben, der auch *»aqua vitae«* (Wasser des Lebens) genannt wird, da er angeblich alles heilt. Man hat also immer einen guten Vorwand, einen zu heben. Eine Variante von Rakia mit Kräuteraroma heißt Travarica.

Kaffee Das Getränk ist äußerst beliebt in Kroatien und es gehört zur sozialen Kultur, Kaffee zu trinken. Die traditionellen Kaffeehäuser, die sich überall im Land befinden, orientieren sich am Vorbild Wiener Kaffeehäuser. Zu Hause trinken die meisten Kroaten ihren Kaffee in der türkischen Variante, also ungefiltert in der Tasse aufgebrüht.

Beliebte Getränke

Wein Im Römischen Reich war Wein von großer Bedeutung und wurde im Zuge der Expansion in viele Regionen Europas und Nordafrikas getragen. Die alten Römer hatten das Wissen um die Herstellung von Wein vor allem aus dem alten Griechenland übernommen. Für die Eliten gab es bereits eisgekühlten Wein, was durch das Einlagern großer Mengen Schnees in Kellern ermöglicht wurde.

Weingetränke *Mulsum* war ein verbreitetes Getränk im Römischen Reich, das aus Wein und Honig gemischt wurde. Auch *Conditum Paradoxum* wurde getrunken, was so eine Art Vorgängergetränk des Glühweins ist – mit einem Mix aus Wein und Honig, angereichert mit verschiedenen Gewürzen.

1 **Prōsit** [Prosiet]: »Es möge nützen«
2 **Bene tibi** [Beene-tiebi]: »Zum Wohl«

Latein

Historische Sprache

Über Leitungen und Aquädukte transportiertes Trinkwasser wurde im alten Rom seit ca. 300 v. Chr. in vielen Gebieten des Reichs verfügbar und wurde warm getrunken; oder auch stark gekühlt mit dem Schnee aus den genannten Schneekellern der Eliten.

Priekā [Priekaa]: »Auf das Glück!«

Lettland

Beim gemeinsamen Trinken das Glas nie ganz leer trinken!

Vor allem Bier und Schnaps

Beliebte Getränke

Bier Die Letten trinken gerne und viel Bier und das Getränk ist fest in der Kultur verankert. Es gibt viele Brauereien im Land, die je nach Region unterschiedliche Brau-Spezialisierungen haben. Zu den beliebtesten Biermarken zählen die dunklen Biere Aldaris und Cesu.

Rīgas Šampanietis Ein Sekt, der in Champagner-Machart hergestellt wird, allerdings nur in süßlichen Varianten. Auch reicht das Getränk geschmacklich nicht an hochwertige Sekte aus Süd- oder Mitteleuropa heran.

Riga's Black Balsam Es handelt sich um einen traditionellen Kräuterlikör, der eine schwarze Färbung hat. Das Getränk hat einen recht hohen Alkoholgehalt von über 40 % und schmeckt bitter und süß. Er wird pur getrunken mit viel Eis, mit Kaffee, Tee oder Fruchtsäften.

Liechtenstein

Das kleine Land hat erst seit dem Jahr 2007 eine Brauerei, die seither sehr erfolgreich ist. 2010 kam eine zweite hinzu.

1. **Prost**
2. **Prosit** (altmodisch)
3. **Zum Wohl**
4. **Auf …**

Vor allem Wein, etwas weniger Bier

Beliebte Getränke

Wein Liechtenstein hat eine Tradition des Weinanbaus – häufig auch von Privatwinzern. Der von etwa hundert Winzern angebaute Wein gilt als hochwertig. Häufig angebaute Reben sind Pinot Noir, Müller-Thurgau, Riesling oder Chardonnay.

Bier In Liechtensteins zwei einzigen Brauereien werden verschiedene hergestellt: Pils-, Dunkel- und Weizenbier.

Rivella Ein in Liechtenstein beliebtes Erfrischungsgetränk in verschiedenen Geschmacksvarianten, das aus der Schweiz stammt und auf Basis von Resten der milchverarbeitenden Industrie hergestellt wird.

* keine offiziellen Zahlen; Schätzwert auf Basis der Zahl für die Schweiz

Į sveikatą [Isvekadav]:
»Auf die/Deine Gesundheit«

Litauen

Litauen ist eines der Länder weltweit, in denen am meisten Alkohol getrunken wird (in der EU Platz 1) und zum Teil wird von – vor allem männlichen – Gästen erwartet, Wodka mitzutrinken. Allerdings haben in den vergangenen Jahren einige Gesetze und Kampagnen dazu geführt, dass etwas weniger getrunken wird, insbesondere unter jungen Menschen.

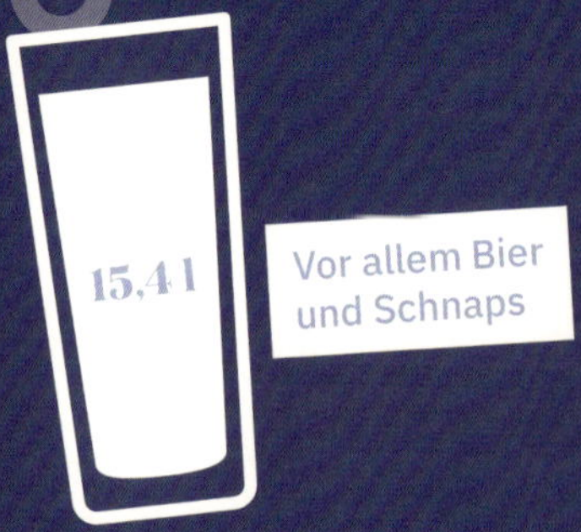

Beliebte Getränke

Bier Bier ist das am häufigsten konsumierte alkoholische Getränk im Land und hat eine lange Tradition. Obwohl wenig Exportmarken bekannt sind, gibt es in Litauen etwa 80 Brauereien und eine große Vielfalt von Bieren, häufig auch von exotischen Varianten.

Žalgiris Gilt als ein Nationalgetränk Litauens. Der 75%ige Schnaps wird aus Honigwein hergestellt und mit verschiedenen Gewürzen versetzt. Er wird pur sowie im Kaffee oder Tee getrunken. Žalgiris ist nach der »Schlacht bei Tannenberg« 1410 benannt, einem Krieg zwischen dem Großfürstentum Litauen und einer deutsch-katholischen Ordensgemeinschaft, der mit der Niederlage der deutschen Seite endete.

Starka Ein Schnaps, der aus fermentierter Roggen-Maische hergestellt wird. Er reift in Eichenholzfässern – zusammen mit einigen Linden- und Apfelblättern für das Aroma. Die Herstellung ähnelt der Herstellung von Whisky. Starka kann zwischen drei und über 50 Jahren gereift sein.

1 **Prost** [Prosst]: »Prost«
2 **Santé** [Sontee]: »(Auf die) Gesundheit«

Luxemburg

Alkoholmissbrauch in Luxemburg ist ein Problem, das mit verschiedenen Gesetzen und Kampagnen von staatlicher Seite angegangen wird. Bis vor wenigen Jahren durften etwa noch 16-Jährige hochprozentige Alkoholika kaufen. Ein Teil der Bevölkerung beteiligt sich in Luxemburg (wie auch in Deutschland) an einem alkoholfreien Januar *(»Dry January«)*.

11,9 l

Wein, Bier, etwas weniger Schnaps

Beliebte Getränke

Wein und Sekt In Luxemburg wird viel Wein hergestellt und getrunken, meist sind es trockene Weißweine und Sekt. Die Weinbautradition reicht zurück bis ins Römische Reich. Heute sind häufig angebaute Sorten Riesling, Pinot, oder Chardonnay. Der hochwertige Sekt Crémant de Luxembourg wird in Flaschengärung hergestellt und entspricht in der Qualität in etwa dem französischen Champagner.

Bier Auch dieses Getränk ist beliebt in Luxemburg, wobei es im Land drei große und mehrere kleine Brauereien gibt. Die wichtigsten Marken heißen Bofferding, Battin, Mousel, Diekirch und Simon.

Liköre Verbreitet sind verschiedene Liköre und Weinbrände auf Basis von Früchten, etwa von Mirabellen und Zwetschgen. Beliebt ist hierbei etwa der Likör namens Drëpp (»Tropfen«). Der aus Schwarzen Johannisbeeren hergestellte Likör Cassero wird entweder pur getrunken – oder alternativ mit Mineralwasser und Weißwein gemischt.

1 **Cheers** [Tschiers]: »Prost«
2 **Saħħa** (altmodisch) [Sacha]: »Prost/(auf die) Gesundheit«

Malta

Malta ist sowohl von der britischen Kultur bezüglich des Teetrinkens am Nachmittag beeinflusst und zusätzlich von der italienischen Kultur, wenn es um Kaffeetrinken geht.

Bier, Wein und Schnaps etwa zu gleichen Anteilen

Beliebte Getränke

Kinnie Eine beliebte Limonade ist das Cola-ähnliche Getränk Kinnie, das mit Bitterorange und verschiedenen Kräutern hergestellt wird. Durch den Zusatz von Wermut enthält das Getränk einen bitteren Geschmack. Es wird auch gerne für Mixgetränke mit Gin verwendet.

Wein Der Weinanbau hat auf Malta Tradition und es gibt eine große Vielfalt an Rebsorten. Eine besondere lokale Rotweinsorte heißt Ġellewza und eine lokale Weißwein-Sorte Girgentina.

Bier Auf Malta wird auch viel Bier getrunken und hergestellt. Bekannte Marken sind Hopleaf, Blue Label (ein Darkale) oder Cisk. Letzteres ist das beliebteste Bier auf der Insel. Das Bier Shandy ist mit Zitronen aromatisiert.

Mazedonien

Es handelt sich um ein zum Teil muslimisches Land. Alkoholkonsum ist in dieser Bevölkerungsgruppe (33 %) eher unüblich – zumindest in der Öffentlichkeit.

Nazdravye (Наздравје / Mazedonisch) [Nasdravje]: »Auf die/Deine Gesundheit«

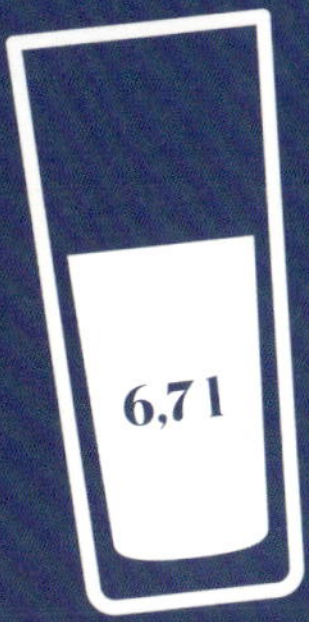

Vor allem Bier, dann Wein, etwas weniger Schnaps

Beliebte Getränke

Bier Das am meisten konsumierte alkoholische Getränk in Mazedonien. Die mit Abstand beliebteste und als hochwertig geltende Marke heißt Skopsko. Generell sind Biere in Mazedonien kräftig im Geschmack und haben verhältnismäßig hohe Alkoholgehalte.

Rakija Ein Schnaps, der, wie der Name schon sagt, im Prinzip dem Raki in der Türkei entspricht. Man kann in Mazedonien Rakija sowohl im Laden kaufen als auch bei entsprechender Gelegenheit aus der privaten Herstellung trinken.

Mastika Ein Schnaps, der mit Extrakten des einheimischen Mastix-Baums aromatisiert und meist mit Eis getrunken wird – etwa begleitend zu Vorspeisen beim Essen. Im Prinzip ist Mastika aromatisierter Rakija-Schnaps.

Wein In Mazedonien wird traditionell viel Wein angebaut und getrunken. Dabei ist der Weinbau eine ökonomisch relevante Branche – mit vielen kleinen und mittelgroßen Winzern. Auch die Vielfalt der angebauten Weine ist recht groß.

Vor allem Wein und Schnaps

Beliebte Getränke

Wein Montenegro gehört aufgrund des günstigen Klimas zu den klassischen Weinländern und es werden verschiedene hochwertige Weine im Land hergestellt. Vranac etwa ist ein bekannter trockener Rotwein und Krstac ist ein wichtiger trockener Weißwein.

Weinbrand Ein beliebtes alkoholisches Getränk in Montenegro. Hervorzuheben ist die hochwertige Marke Loza, die auf Basis von Vranac-Trauben destilliert wird und einen Alkoholgehalt von etwa 50 % hat. Daneben gelten auch die Weinbrände Prvijenac und Kruna als hervorragend und sehr aromatisch.

Met Honigwein gilt als traditionelles slawisches Getränk im Land. Für die Herstellung des Mets wird Honig mit Wasser vermischt und dann vergoren, ähnlich wie bei der Herstellung von Wein.

1. **Živjeli** (Живели / Serbokroatisch / formeller) [Jiwelli]: »(Auf das) Leben«
2. **Živio** (Живео / Serbokroatisch / informeller) [Jiwau]: »(Auf das) Leben«
3. **Uzdravlje** (уздравље / Serbokroatisch) [Ustrahjä]: »Prost«

Montenegro

Montenegro hat eine muslimische Minderheit (19 % der Bevölkerung), bei der Trinken eher unüblich ist – zumindest in der Öffentlichkeit. Allgemein wird in sozialen Zusammenkünften viel getrunken – und auch Toasts auszusprechen ist gängig. Beim Anstoßen gilt zudem Augenkontakt und das Zusammenstoßen der Gläser als höflich. Wenn man (Alkohol) nicht mittrinken möchte, sollte man eine gute Erklärung haben.

1 **Proost** [Prroust]: »Prost« (entsprechend dem lateinischen Wortstamm wie im Deutschen)
2 **Gezondheid** [Gesondheit]: »(Auf die) Gesundheit«

»Proost« wird häufiger gesagt als »Gezondheid«.

Niederlande

Der Augenkontakt ist besonders wichtig. Der Gastgeber kann einen Toast aussprechen, der dann erwidert werden sollte.

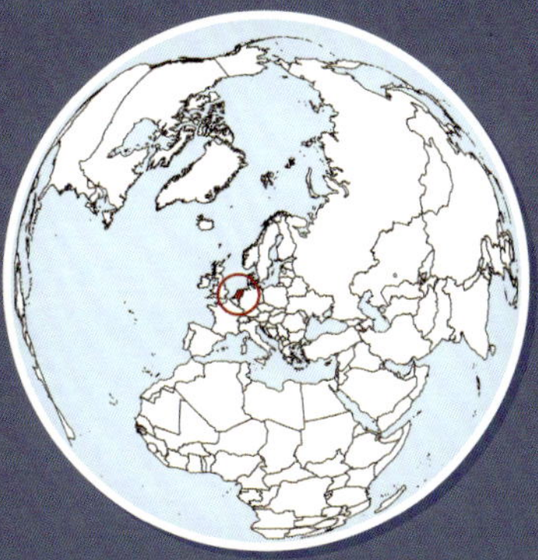

Vor allem Bier und Wein

Beliebte Getränke

Bier Ein in den Niederlanden kulturell stark verankertes Getränk. Es werden sowohl Pils- als auch Lager- und Dunkelbiere getrunken. Der Großkonzern Heineken (weltweit Nr. 3) ist auch auf seinem Heimatmarkt stark vertreten und zu ihm gehören einige der Traditionsmarken des Landes, darunter etwa Amstel. Beliebt im Land sind auch die Marken Bavaria, La Trappe, Brand und Grolsch.

Milchgetränke In den Niederlanden sind verschiedene, auf Milch basierende Getränke verbreitet. So etwa warmer Kakao, der von Kindern zum Frühstück getrunken wird. Des Weiteren sind unterschiedliche Getränke mit Milchprodukten wie Joghurt beliebt und auch Tee wird gerne mit Milch getrunken.

Jenever Ein Wacholderschnaps, von dem auch der britische Gin ursprünglich abstammt. Im Gegensatz zum britischen Gin, der mit vielen Kräutern versetzt ist, ist Jenever einfacher. Er wird auf Basis von Getreide hergestellt, Destilliert und dann mit Wacholderbeeren aromatisiert.

Norwegen

Es werden Toasts ausgesprochen – auch bei privaten Zusammenkünften. Man kann seinem Gastgeber zuprosten. Teilweise gibt es gleich mehrere Toasts im Laufe des Abends.

Skål [Skol]: »Prost«

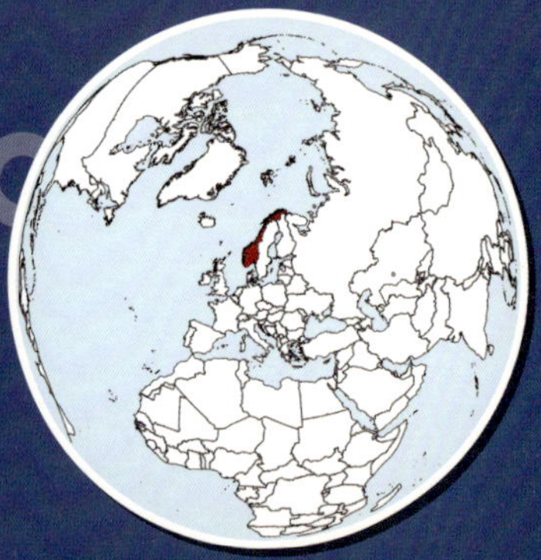

Vor allem Bier, dann Wein, dann Schnaps

Beliebte Getränke

Akevitt Aquavit ist ein populärer Schnaps in Norwegen, der aus Kartoffeln oder Getreide hergestellt wird. Das Wort kommt aus dem Lateinischen (*Aqua vitae* = »Wasser des Lebens«). Linje Aquavits sind Aquavit-Varianten, bei denen die Flaschen per Schiff nach Australien und wieder zurücktransportiert werden, damit sie zweimal den Äquator überqueren. Dies soll gut für den Geschmack des Getränks sein, was auf die ständige Bewegung im Schiffsrumpf und die Temperaturschwankungen bei der Fahrt zurückgeführt wird.

Bier In Norwegen trinkt man recht viel Bier und zwar meist Pilsener oder Lager, mit eher geringem Alkoholgehalt. Biere haben in Norwegen verschiedene Alkoholklassen von 0,7 % bis 4,75 %, was an der hohen Besteuerung von Alkohol liegt. Damit sind die Preise auch recht hoch (z. B. rund 9–10 Euro pro Glas in der Gastronomie in Oslo). Stärkere Biere heißen in Norwegen Export und kosten mehr. Die beliebteste Biermarke heißt Ringne, wobei es auch viele regionale Biersorten gibt.

Kaffee Vielleicht entsprechend den kalten Temperaturen und dem langen Winter trinken Norweger exzessiv viel Kaffee – und zwar zu jeder Zeit am Tag. Jährlich kommen so je nach Rechnung in etwa 160 Liter pro Kopf zusammen – oder drei Tassen am Tag.

Beliebte Getränke

Wein Der Anbau von Wein hat in Österreich eine lange Tradition und reicht bis 900 bis 700 v. Chr. zurück. Es werden vor allem hochwertige Sorten im Land angebaut, mit einem Schwerpunkt auf Weißweinen. Mit Abstand am meisten angebaut wird die Rebsorte Grüner Veltliner. Die Österreicher selber trinken mit 75 % überwiegend Wein aus dem eigenen Land.

Bier In Österreich ist der Bierkonsum sehr hoch – etwa entsprechend dem Pro-Kopf-Konsum in Deutschland. Es gibt rund tausend Biersorten im Land bei über 170 Brauereien. Beliebte Bier-Arten sind etwa Märzen, Zwicklbier, Weißbier oder Bockbier.

Strohrum Ein Rum auf Basis von Zuckerrohr, mit einem extrem hohen Alkoholgehalt von maximal 80 %. Das Getränk heißt genauer gesagt Stroh Original und stammt vom Hersteller Namens Stroh. Der größte Teil der Produktion wird exportiert, meist ins europäische Ausland.

Limonaden Der weltweit stark verbreitete Energy-Drink Red Bull stammt aus Österreich und auch die in Deutschland recht bekannte Kräuterlimonade Almdudler. Österreich hat einen relativ hohen Pro-Kopf-Konsum im Bereich von Limonadengetränken und neben internationalen Firmen, gibt es auch weitere starke inländische Marken wie etwas Keli, die verschiedene Limonaden herstellen.

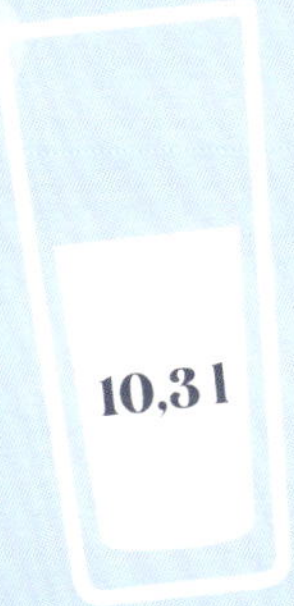

Vor allem Bier, etwas weniger Wein und Schnaps

1. **Prost**
2. **Prosit**
3. **Auf ...**
4. **Zum Wohl** (formell)

Österreich

Der Gastgeber kann einen Toast aussprechen. Auch hier ist der Augenkontakt wichtig beim Zuprosten und Anstoßen.

1 **Na zdrowie** [Nas-drohvjä]: »Auf die Gesundheit«
2 **Do dna** [Dona]: »Auf ex«

Polen

Der Augenkontakt ist beim Zuprosten wichtig. Alkohol abzulehnen gilt als sehr unhöflich. Ein mehrmaliges Zuprosten während des Essens ist üblich. Ganz wichtig: Der Gastgeber erhebt zuerst das Glas. Wenn er dafür aufsteht, sollte man es auch tun. Außerdem sollte man erst trinken, wenn allen zugeprostet wurde.

Überwiegend Bier und Schnaps

Beliebte Getränke

Wodka und Żubrówka Wodka ist sehr eng mit der nationalen Kultur verwoben und ist sehr wichtig für die Polen. Er wird exzessiv bei Festen, Hochzeiten und zu allen möglichen sozialen Anlässen getrunken. Wichtig ist, dass man, wenn man Wodka trinkt, auch etwas dazu isst. Żubrówka ist eine Wodka-Variante, die mit Bisongras hergestellt wird. Die Flasche enthält dann jeweils einen Halm der Pflanze. Żubrówka wird wahlweise pur oder gemischt mit Apfelsaft getrunken.

Tee und Kaffee Beliebt bei Tee ist vor allem schwarzer Tee, der meist gezuckert und mit etwas Zitrone zum Essen getrunken wird. Kaffee wird weniger konsumiert, wobei eine Besonderheit ist, dass recht häufig Ersatzkaffee auf Getreidebasis (Kawa Zbożowa) getrunken wird.

Bier Polen ist ein traditionelles Bierland und es gibt eine recht große Bandbreite von großen wie kleinen Brauereien sowie Biersorten. Es überwiegen eher leichte Biere und beliebte Marken sind unter anderem Tyskie, Okocim, Lech oder Warka.

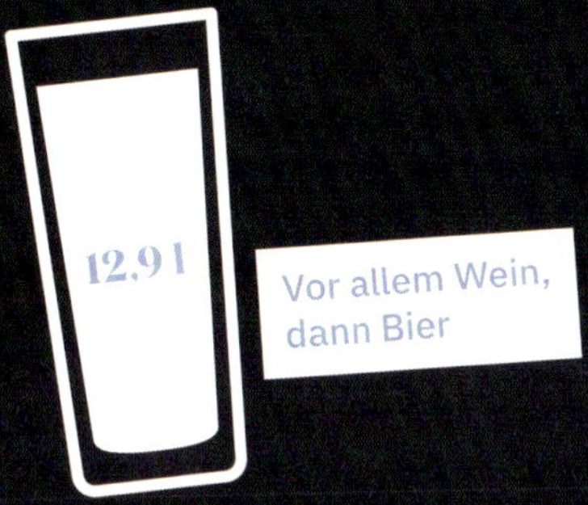

Beliebte Getränke

Wein In Portugal gibt es mit 500 Weinen eine große Sortenvielfalt. Seit über 2.000 Jahren wird Wein angebaut und er ist eng verwoben mit der nationalen Identität. Der Schwerpunkt bei der Herstellung liegt auf Rot- und Roséweinen. Es wird aber beispielsweise auch der sehr süße Portwein hergestellt.

Ginjinha Ein Likör, der auf Basis von Sauerkirschen produziert wird. Er wird mit dem Verfahren der Mazeration hergestellt, was bedeutet, dass die Sauerkirschen in Wasser eingeweicht werden und ihre Inhaltsstoffe an das Wasser abgeben, aus dem dann der Likör gebrannt wird. Ginjinha wird pur oder mit eingelegten Kirschen zusammen getrunken.

Bier Das Getränk hat eine lange Tradition in Portugal, welche bis in die Antike zurückreicht. Heute ist Portugal ein bedeutender Bierexporteur. Die beiden wichtigsten Marken heißen Sagres und Super Bock, wobei Sagres in verschiedenen Varianten angeboten wird. Es überwiegen insgesamt Lagerbiere.

Portugal

In Portugal stößt man nicht unbedingt immer an, zu besonderen Anlässen aber schon. Dann gerne mit hörbarem Anstoßen der Gläser und Augenkontakt. Achtung: Die Arme beim Anstoßen nicht überkreuzen – man ist abergläubisch; es könnte Unglück bringen!

Saúde [Saaudsche]: »(Auf die) Gesundheit«

1 **Noroc** [Noarouck]: »Viel Glück«
2 **Sănătate** [Sahn-atate]: »Auf die Gesundheit«

Republik Moldau

Auch: Moldawien

Der Alkoholkonsum in Moldau gehört weltweit zu den höchsten. Insbesondere Männer trinken im Land sehr viel und rund ein Viertel aller Todesfälle geht auf das Konto von Alkohol, was weltweit betrachtet der höchste Anteil ist. Immerhin ist der Alkoholkonsum aufgrund großer Anstrengungen von Regierung und Nichtregierungsorganisationen seit den 2000er-Jahren gesunken.

Vor allem Wein, dann Schnaps und etwas weniger Bier

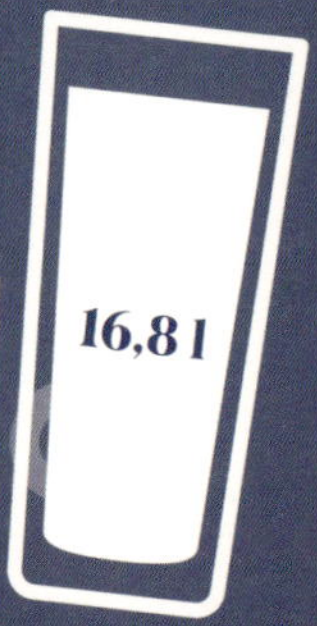

Beliebte Getränke

Wein Moldawien ist ein traditionelles Weinland und es werden hochwertige Weine im Land hergestellt. Daneben aber auch viel Sekt, ob als Weiß-, Rosé- oder Rotwein-Variante. Ökonomisch betrachtet ist der Weinbau einer der wichtigsten Wirtschaftszweige und Wein eines der wichtigsten Exportprodukte des Landes. Aus dem Wein wird auch Cognac im Land hergestellt, von dem einige Marken als qualitativ hervorragend gelten und international viele Preise gewonnen haben.

Bier Die Republik Moldau ist kein ausgesprochenes Bierland und die meisten der verfügbaren Biere sind von nur mäßiger Qualität. Unterm Strich sind eher dunkle Biere beliebt. Die mit Abstand beliebteste Marke mit verschiedenen Sorten auf dem Markt heißt Chișinău. Die Marke gehört zur türkischen Efes Group, die auch nicht gerade für überragendes Bier bekannt ist.

Beliebte Getränke

Wein Aufgrund der geografischen Lage Rumäniens ist das Land ideal für den Weinanbau. Bei archäologischen Funden konnte man die altertümliche Weinherstellung auf etwa 4000 v. Chr. zurückdatieren. Rumänien verfügt heute über eine recht große Vielfalt an Weinen, wobei überwiegend Weißweine hergestellt werden. Die Qualität der Weine hat sich in den letzten Jahren stark verbessert.

Bier Ein in Rumänien sehr beliebtes Getränk mit einem hohen Pro-Kopf-Verbrauch, der weltweit zu den höchsten zählt. Es gibt eine relativ große Vielfalt an Bieren im Land, wobei besonders verbreitete Marken Ursus, Timișoreana, Ciucas oder Stejar sind. Es werden aber auch westeuropäische Marken getrunken.

Țuică Ein Nationalschnaps Rumäniens, der aus Pflaumen gebrannt wird und in verschiedenen Varianten bis 55 % Alkohol enthalten kann. Tuica wird saisonal zwischen Oktober und Dezember hergestellt, und das häufig schwarz. Der Produktionsablauf ist, dass Zwetschgen oder Pflaumen erst in großen Gefäßen vergoren werden und der Sud dann destilliert wird.

Vor allem Bier, Wein und etwas weniger Schnaps

1 **Noroc** [Noa_rouck_]: »Viel Glück«
2 **Sănătate** [Sahn-atate]: »Auf die Gesundheit«

Achtung: *»Prost«* heißt auf Rumänisch »dumm«!

Rumänien

In der Regel warten alle Personen in der Runde auf den Gastgeber oder die Autoritätsperson, bevor sie trinken. Diese Person hebt dann das Glas zuerst und spricht ein paar Worte in die Runde.

1 **Skål** [Skool]: »Prost«
2 **Helan Går** [Healan-Gohl]: »Auf Ex« (häufig in einem Volkslied gesungen)

Schweden

Man guckt sich beim Trinken in die Augen. Zum Teil werden Trinklieder gesungen. Die Gläser müssen sich beim Zuprosten nicht unbedingt berühren. In kleineren Runden wartet man, bis der Gastgeber alle Anwesenden begrüßt und den ersten Toast ausgesprochen hat. Alternative Tradition beim Weintrinken: alle am Tisch anschauen und höflich nicken, während der Gastgeber einen Toast ausspricht. Danach *»Skål«* sagen, noch einmal die Leute anschauen, das Glas absetzen und dann trinken.

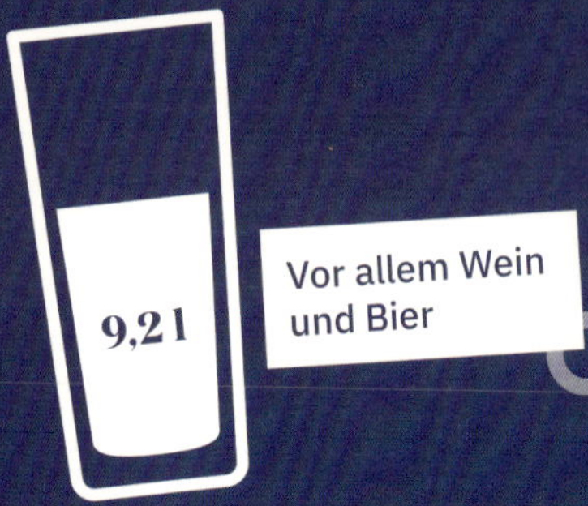

Beliebte Getränke

Kaffee Schweden trinken statistisch betrachtet überaus viel Kaffee; durchschnittlich 3–4 Tassen pro Tag. Das Kaffeetrinken ist in den normalen Tagesablauf integriert, wobei das gesellige Zusammensein bei dieser sozialen Aktivität Fika genannt wird.

Glögg Es handelt sich um eine Art von Glühwein, der in der Weihnachtszeit getrunken wird und durch die Zugabe von Wodka um einiges mehr an »Umdrehungen« hat als der in Deutschland getrunkene Glühwein. Glögg wird aus Rotwein, Schnaps und Gewürzen wie Zimt, Kardamom und Ingwer hergestellt.

Filmjolk Ein säuerlich schmeckendes, joghurtartiges Milchgetränk, das meist in Getränkekartons verkauft und etwa als Flüssigkeit für Müsli verwendet wird. Filmjolk wird aber auch zu Hause hergestellt aus frischer Milch und einem Löffel des »alten« Filmjolk.

Cider Ein Apfel- oder Birnenwein, der in Schweden recht häufig getrunken wird und in Kneipen und Restaurants auch vom Fass zu bekommen ist. Es gibt eine ganze Reihe weiterer Geschmacksrichtungen und Fruchtgrundlagen dieses sehr süßen Getränks – wie Blaubeere oder Holunder.

Beliebte Getränke

Rivella Ein beliebtes kohlensäurehaltiges Limonadengetränk in verschiedenen Geschmacksrichtungen, das mit gut einem Drittel Molke hergestellt wird. Molke ist ein Nebenprodukt, das bei der Käseherstellung übrig bleibt.

Vor allem Wein und Bier, weniger Schnaps

Absinth Der berühmte, smaragdgrüne Schnaps stammt ursprünglich aus der Schweiz. Er wird aus Anis, Wermut, Fenchel und anderen Kräutern hergestellt, meist mit einem Alkoholgehalt von über 45 %. Die meiste Zeit des 20. Jahrhunderts war Absinth in der Schweiz (und anderen europäischen Ländern) verboten. Erst 2005 wurden Herstellung und Verkauf wieder erlaubt.

Ovomaltine Es handelt sich um ein Getränk, das auf Basis eines Instant-Pulvers in Wasser eingerührt wird. Es besteht hauptsächlich aus Gerstenmalz, kondensierter Milch, Pflanzenöl, Kakao und je nach Version Zucker. Ovomaltine ist ein Markenname und keine Bezeichnung für eine Getränkeart.

1. **Prost/Proscht**
2. **Pröschtli**
3. **Santé** [Sontee]: »(Auf die) Gesundheit«
4. **Salute** [Saludä]: »(Auf die) Gesundheit«

Schweiz

Der Augenkontakt ist wichtig. Vor dem Zuprosten sollte man warten, bis alle ein Getränk haben. Anschließend wird mit allen am Tisch angestoßen.

1 **Živjeli** (Живели / Serbokroatisch / formeller) [Jiwelli]: »(Auf das) Leben«
2 **Živio** (Живео / Serbokroatisch / informeller) [Jiwau]: »(Auf das) Leben«
3 **Uzdravlje** (уздравље / Serbokroatisch) [Ustrahjä]: »Prost«

Serbien

Vor allem Bier, etwas weniger Schnaps und Wein

Besonders in ländlichen Gebieten wird Schnaps häufig privat, also »schwarz« gebrannt – meist aus Pflaumen und anderen Früchten. Es ist aber schwierig, gute von schlechten selbst gebrannten Schnäpsen zu unterscheiden. In der Regel sind sie aufgrund der langen Tradition privaten Schnapsbrennens aber nicht gesundheitsgefährdend.

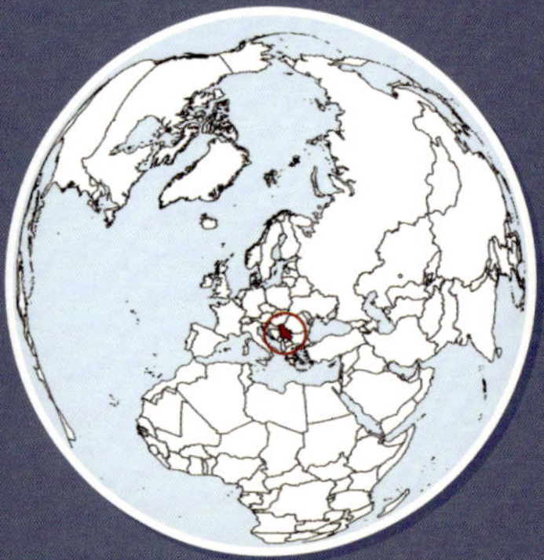

Beliebte Getränke

Kruškovac Ein Likör, der aus Birnen hergestellt und nicht nur in Serbien, sondern auch in den anderen Gebieten des ehemaligen Jugoslawiens getrunken wird. Der süße Likör mit goldgelber Färbung und mildem Geschmack hat einen Alkoholgehalt von etwa 25 %.

Bier In Serbien wird viel Bier getrunken. Die beliebteste Marke ist Lav – und Jelen ist das zweitbeliebteste Bier. Das Land hat sieben große und eine Reihe kleinerer Brauereien.

Šljivovica Der Schnaps Slivovitz (Serbisch: Šljivovica) gilt als Nationalgetränk des Landes und wird sowohl im Alltag zum Essen als auch zu Festen getrunken. Es handelt sich um einen Pflaumenschnaps bzw. einen Obstbrand, der in der gesamten Region getrunken wird. Verbreitet sind daneben aber auch ähnliche Schnäpse, die aus anderen Früchten hergestellt werden.

Na zdravie [Nas-d<u>ra</u>viä]:
»Auf die/Deine Gesundheit«

Slowakische Republik

Es ist üblich, dass alle gemeinsam anstoßen. Dabei ist der Augenkontakt wichtig, sonst wird man als unhöflich wahrgenommen.

13,0 l

Vor allem Schnaps, aber auch Bier und Wein

Beliebte Getränke

Slivovica Der Obstbrand Sliwowitz (Slowenisch: Slivovica) wird aus Pflaumen bzw. Zwetschgen hergestellt, woher auch sein Name kommt. Sliwowitz gilt als ein Nationalgetränk des Landes und es gibt ihn in zwei Farben: goldgelb durch die Lagerung in Holzfässern oder farblos-klar.

Borovička Ein weiterer Nationalschnaps des Landes, der aus Wacholderbeeren gebrannt wird und eine leicht goldene Farbe hat. Das Getränk gleicht im Prinzip trockenem Gin. Bekannte Marken sind z. B. Spišská borovička oder Liptovská borovička.

Wein In den meisten Regionen der Slowakischen Republik wird Wein angebaut und die Weinberge gehören zum Landschaftsbild. Zwei Drittel der angebauten Weine sind Weiß-, ein Drittel Rotweine. Insgesamt werden überwiegend Weine von durchschnittlicher Qualität hergestellt, zunehmend aber auch hochwertigere.

Na zdravje [Nas-dravje]: »Auf die/Deine Gesundheit«

Slowenien

Wie in anderen Ländern Osteuropas ist Alkoholismus ein großes Problem in Slowenien, wird aber häufig nicht als solches wahrgenommen. Initiativen wie das SOPA-Projekt* versuchen, das Problembewusstsein in der Gesellschaft diesbezüglich zu verbessern.

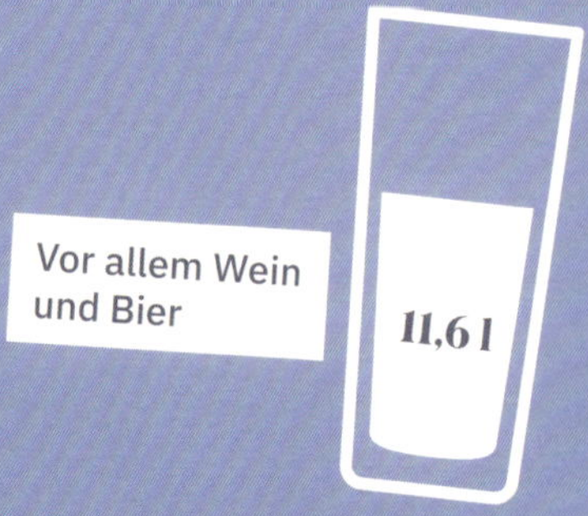

Beliebte Getränke

Wein Bei alkoholischen Getränken bevorzugen die Slowenen meist Wein, vor allem Weißwein. Slowenien ist ein Weinland und verfügt über etwa 1.300 Winzereien sowie drei große Weinanbaugebiete. Je nach Region sind unterschiedliche Sorten von Weinen mehr oder weniger stark vertreten.

Bier Neben Wein wird in Slowenien auch recht viel Bier getrunken. Die bekanntesten Marken heißen Laško Weißbier und Union und es gibt eine Vielzahl weiterer Biere aus kleineren Brauereien, die über das Land verteilt sind. Getrunken werden vor allem Pilsbiere.

Honiglikör Ein traditioneller, landestypischer Schnaps, der bereits seit mehreren Jahrhunderten im Land hergestellt und etwa unter dem Namen Medica verkauft wird. Liköre und Fruchtschnäpse werden in Slowenien in vielen Fällen schwarz gebrannt.

* Steht für *Together for a responsible attitude towards alcohol consumption (TRATAC).*

Spanien

Es sind viele Trinksprüche üblich. Es ist verpönt, mit Wasser oder Limonade anzustoßen (sonst sieben Jahre schlechter Sex!). Der Gastgeber spricht den ersten Toast aus, den man später beim Essen erwidern sollte. Mehrere Trinksprüche während des Essens sind üblich.

Vor allem Bier, etwas weniger häufig Schnaps und Wein

1 **Salud** [Saluud]: »(Auf die) Gesundheit«
2 **Arriba, abajo, al centro, adentro** [Arrieba, abbacho, al-chentro, adänntro]: »Nach oben, nach unten, in die Mitte und rein damit«

Beliebte Getränke

Wein Spanien ist eines der bedeutendsten Weinländer und hat die größte Weinanbaufläche weltweit. Die Geschichte des spanischen Weinbaus reicht ungefähr 4000 Jahre zurück. Spanischer Wein ist meist von hoher Qualität und es werden etwa jeweils zu Hälfte Rot- und Weißweine angebaut. Die Vielfalt angebauter Weine ist sehr groß.

Sangria Eine alkoholische Bowle, die aufgrund ihrer deutlich roten Farbe nach dem spanischen Wort für Blut *»sangre«* benannt ist. Das Getränk besteht aus Rotwein, vermischt mit kleingeschnittenem Obst wie Orangen, Äpfeln, Zitronen und Beeren.

Horchata de Chufa Das Getränk ist in einigen Regionen des Landes verbreitet, vor allem in Valencia. Es wird auf Basis von Nüssen hergestellt und eiskalt serviert. Für die Herstellung werden Nüsse wie Erdmandeln zerkleinert und mit Zucker und Wasser gemischt. Horchata de Chufa wird entweder zu Hause hergestellt oder kann in Valencia an Straßenständen gekauft werden.

Kaffee Die Spanier lieben Kaffee und hierbei vor allem Espresso. Dieser wird ähnlich wie in Italien getrunken: Sehr kräftig im Geschmack, aber milder geröstet (etwa durch die Zugabe von Zucker beim Rösten im Rahmen des Torrefacto-Verfahrens). Man trinkt Kaffee an allen möglichen Orten, ob in der Bar, beim Bäcker oder der Tankstelle.

1 **Na zdraví** [Nasdrahwie]: »Auf die/Deine Gesundheit«
2 **Do dna** [Dohdna]: »Bis das Glas leer ist«
3 **Na EX** [Na-ex]: »Auf ex!«

Tschechische Republik

Anstoßen ist besonders wichtig: Wenn man es nicht macht, gibt es sieben Jahre Unglück. Wenn man Bier trinkt, wird vor dem Trinken das Glas auf den Tisch geklopft. Die Arme dürfen sich beim Anstoßen nicht überkreuzen und auch der Blickkontakt ist wichtig.

Vor allem Bier, etwas weniger Schnaps und Wein

Beliebte Getränke

Bier Bekannterweise ist Tschechien ein ausgesprochenes Bierland und die kulturelle Wiege der Pilsbiere. Das Getränk ist somit eng mit der kulturellen Identität verwoben und Bier wird auch in der Küche verwendet. Mit rund 140 Litern pro Jahr und Kopf sind die Tschechen die ambitioniertesten Biertrinker weltweit. Insgesamt ist die Vielfalt an Bieren und Biermarken sehr groß und die Biere sind von sehr hoher Qualität. Die bekanntesten Marken sind Pilsner Urquell und Budweiser.

Becherovka Ein bitter und süß schmeckender Kräuterschnaps mit meist 38 % Alkohol, der pur, mit Tonic Water oder in anderen Mischgetränken genossen wird. Ein Mixgetränk mit Becherovka und Tonic Water heißt Beton.

Wein Vor allem im Südosten Tschechiens wird Wein angebaut, wobei das Getränk insgesamt keine hohe Bedeutung im Land hat. Allerdings ist Wein in den vergangenen Jahren zunehmend beliebter geworden.

Beliebte Getränke

Bier Die Ukraine ist ein Bierland und das hergestellte Bier ist meist von ordentlicher Qualität. Die Bandbreite an Bieren ist recht groß, wobei zu den besonders beliebten Marken Obolon, Chernihivske und Lvivske zählen.

Wodka/Horilka Entsprechend der Ähnlichkeit mit der russischen Kultur ist Wodka in der Ukraine sehr beliebt und wird Horilka genannt. In der Ukraine hergestellter Wodka wird auf Basis von Weizen – häufig auch privat – destilliert und es gibt ihn in verschiedenen Geschmacksvarianten. Typisch ist z. B. eine Variante mit Pfeffer.

Wein In der Ukraine wird eine recht große Vielfalt an Weinen angebaut. Insbesondere auf der von Russland annektierten Krim-Halbinsel. Krimsekt wird aber auch in anderen Regionen der Ukraine produziert und unterliegt dann entsprechend keinen Sanktionen.

1 **Budymo** (Будьмо / Ukrainisch) [Buimoah]: »Leben wir für immer!«
2 **Na zdorov'ya** (За здоровя / Ukrainisch) [Saasdrovja]: »Auf die/Deine Gesundheit«

Auf den Spruch *»Budmo«* [Buhd-mo] (»Prost«) sollte man mit »Hey« antworten. Dies wiederholt sich ggf. bis zu drei Mal vor dem Trinken.

Ukraine

Ein häufiges Zuprosten während der Mahlzeit ist üblich. Der Gastgeber beginnt. Achtung: Man sollte nicht anstoßen, wenn man ein alkoholfreies Getränk im Glas hat. Alle am Tisch sollten im Laufe des Essens ein Toast aussprechen.

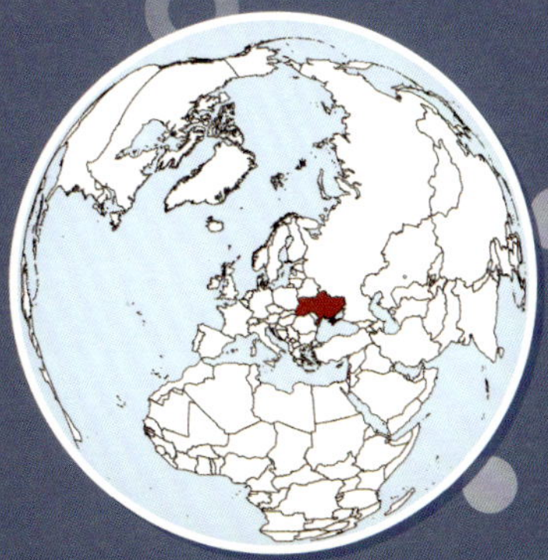

1 **Egészségedre** [Äggeschegäddrä]: »Auf Deine Gesundheit«
2 **Le Le Le** [Lä-Lä-Lä]: »Runter! Runter! Runter!«

Ungarn

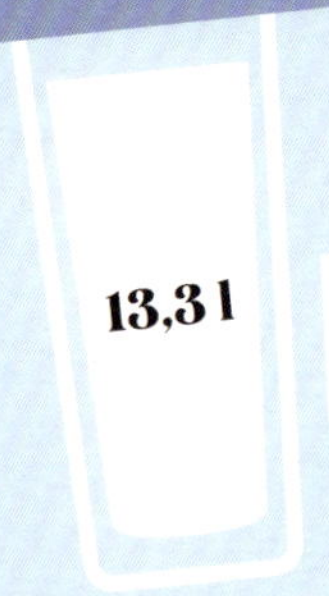

Bier, Schnaps und Wein zu etwa gleichen Teilen

Man hebt die Gläser und hält dabei Augenkontakt. Gläser auf Augenhöhe heben, aber nicht (!) anstoßen. Es gilt: Nach dem Zuprosten trinken, dann Augenkontakt, dann wieder absetzen. Männer sollen Frauen Getränke eingießen, da dies für sie als »unweiblich« gilt. Die Gastgeber sprechen häufig einen Toast auf die Gesundheit der Anwesenden aus.

Beliebte Getränke

Weine Ungarn ist ein Weinland und der Weinanbau reicht bis in die Antike zurück. Nachdem zu Zeiten des Ostblocks eher auf Quantität als auf Qualität gesetzt wurde, werden seit der Wende auch sehr viele hochwertige Weine produziert. Es werden mehr Weiß- als Rotweine hergestellt und die bekannteste Weinsorte heißt Tokajer (ein traditioneller, süßer Weißwein).

Pálinka Der Obstbrand gilt als ein Nationalgetränk Ungarns. Er wird aus einer Reihe unterschiedlicher Früchte hergestellt, etwa aus Pflaumen, Kirschen, Äpfeln oder Aprikosen. Der Schnaps wird bei Zimmertemperatur getrunken, meist vor oder nach der Hauptmahlzeit.

Bier Auch Bier hat eine lange Tradition in Ungarn und wird viel getrunken, meist in Form von Pils- oder Lagerbieren. Neben vier großen Brauereien gibt es eine größere Zahl von Kleinbrauereien, die an gastronomische Einrichtungen angeschlossen sind und einen lokalen Markt abdecken.

Vereinigtes Königreich

Zur britischen Lebensart und Feierabendgestaltung gehört die Pubkultur des Landes. In diesen Räumen treffen Menschen häufig zusammen, um gemeinsam zu trinken und zu essen. Das Publikum ist dabei meist bunt gemischt aus unterschiedlichen sozialen Milieus und Schichten.

Bier, Wein, weniger Schnaps

1 **Cheers** [Chiärs]: »Prost«
2 **Slainte** (Schottisch) [Slann-dsche]: »Prost«
3 **Slàinte mhath** (Schottisch / traditionell) [Slann-dsche maah]: »Auf die/Deine Gesundheit«
4 **Iechyd da** (Walisisch) [Jiachidah]: »Auf die Gesundheit«

Beliebte Getränke

Tee Großbritannien ist als Teeland bekannt und meist wird Schwarztee mit Milch getrunken. Die Tradition rührt noch aus der Kolonialzeit her und besteht seit dem 17. Jahrhundert. Der Teekonsum hat in den letzten Jahrzehnten stark abgenommen und heute stehen die Briten beim Teekonsum im internationalen Vergleich nur noch auf Platz 9.

Bier Die Briten trinken viel Bier, vor allem die obergärig gebrauten Sorten Ale, Stout, Traditional Bitter und Porter. Es gibt viele kleine Brauereien im Land und die Vielfalt an Bieren ist dadurch recht groß. Das Bier wird häufig lange in Fässern gelagert und hat dadurch zum Teil eine dunkle Farbe. Britische Biersorten sind in vielen Fällen etwas süßlich oder enthalten nur wenig Kohlensäure.

Whisky / Scotch Whisky Der Schnaps reift mindestens drei Jahre in Holzfässern und erhält dadurch seinen spezifischen Geschmack. Es gibt unterschiedliche Varianten des Getränks, je nachdem, wie lange sie gelagert sind. Bekannte Markennamen sind u. a. Haig/Dimple, Johnnie Walker, Dewar's oder Black & White.

Zypern

Mit nicht alkoholischen Getränken oder leeren Gläsern darf nicht angestoßen werden. Man lädt andere Leute oft zu einem Getränk ein oder gibt einen Drink aus – auch am Nachbartisch, wenn man die Leute kennt.

1 **Iss ijían** (εις υγείαν / Griechisch) [Issi-Jiahn]: »Auf die Gesundheit«
2 **Yamas** (γεια μας / Griechisch) [Ja-Mass]: »Prost«

Beliebte Getränke

Wein Die Herstellung von Wein reicht auf Zypern über zweitausend Jahre zurück, ist also eng mit der lokalen Kultur verwoben. Es gibt über hundert Rebsorten, die auf der Insel angebaut werden. Ein bekannter Wein von der Insel ist der süße Dessertwein Commandaria, der aus der Nama-Traube hergestellt wird.

Zivania Ein Schnaps, der seit dem 15. Jahrhundert aus den Resten der Weinproduktion (aus Weintrester) destilliert wird. Er enthält je nach Sorte etwa 40 bis 60 % Alkohol und hat ein leichtes Rosinenaroma. Zivania wird meist pur getrunken.

Bier Die Zyprioten trinken gerne und viel Bier, wobei die beliebtesten Biere Keo und Carlsberg sind. Keo ist einheimisch und Carlsberg ist Dänisch. Beide Biere werden auf der Insel selber gebraut. Daneben gibt es aber auch eine Reihe kleiner Brauereien.

Kleinstaaten und Inseln

Salud [Saluud]:
»(Auf die) Gesundheit«

Andorra, Kleinstaat zwischen Frankreich und Spanien | 13,8 l

Saúde [Saaudsche]:
»(Auf die) Gesundheit«

São Tomé und Príncipe, Insel-Paar im Golf von Guinea (Atlantik) | k. A.

Saúde [Saaudsche]:
»(Auf die) Gesundheit«

Kap Verde (vor Afrika), Inselstaat im Atlantik | 6,9 Liter

1. **Salute** [Saludä]: »(Auf die) Gesundheit«
2. **Chin Chin** [Tschin-Tschin]: »Kling-Kling«

San Marino, Kleinstaat in Norditalien | k. A.

Santé [Sontee]:
»(Auf die) Gesundheit«

Monaco, Kleinstaat in Südeuropa | k. A.

1. **Salute** [Saludä]: »(Auf die) Gesundheit«
2. **Chin Chin** [Tschin-Tschin]: »Kling-Kling«
3. **Prōsit** [Prohsit]: »Prost«
4. Bene tibi [Bä-ne-Tiebie]: »Zum Wohl«

Vatikan, Kleinstaat in Rom | k. A.

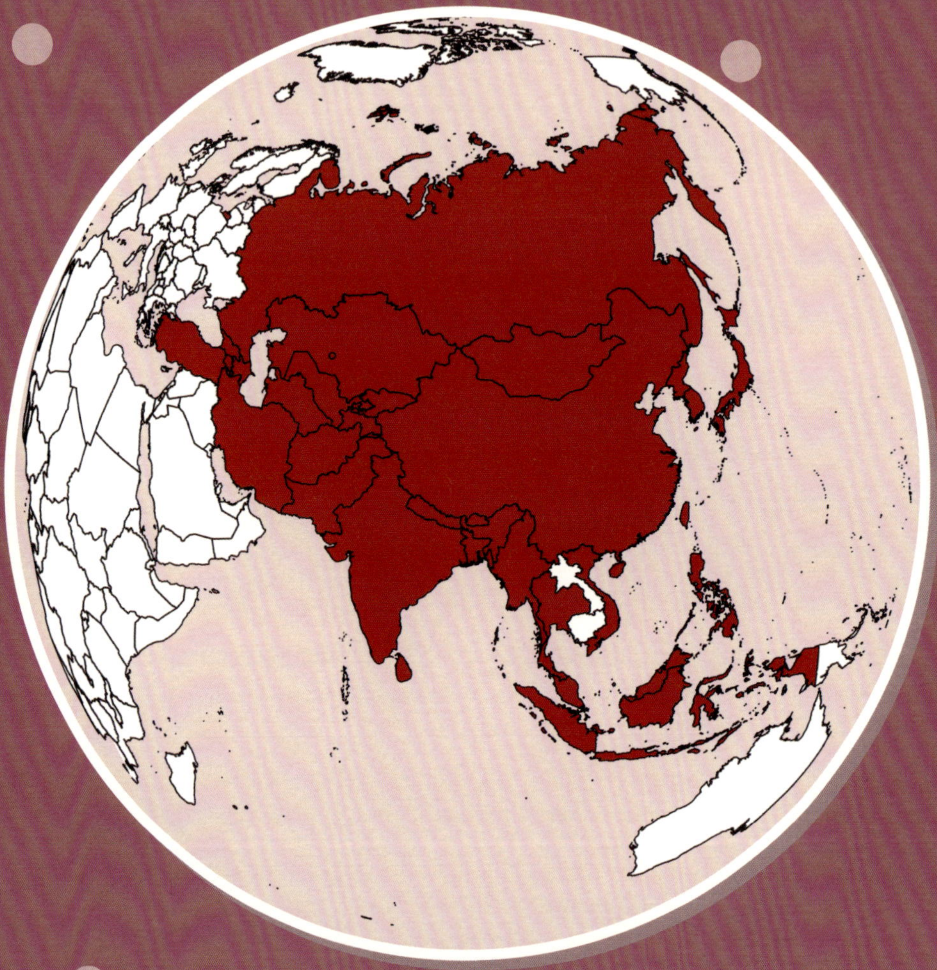

Asien

Asien ist mit Abstand der größte Kontinent mit einem extrem breiten Spektrum an unterschiedlichen Kulturen, Klimazonen und Landschaftstypen. Man kann Asien grob in einen westlichen Teil mit arabischen Ländern (der Nahe Osten) und Westrussland einteilen; in einen zentralasiatischen Teil sowie einen zentral-südlichen mit dem indischen Subkontinent. Außerdem in einen ostasiatischen und in einen südostasiatischen Teil.

In Zentral- und Westasien wäre zunächst Russland zu nennen, dessen größerer Teil der Landmasse sich über den Kontinent erstreckt und das trinkkulturell in vielerlei Hinsicht eher ein europäisches Land ist. Die erste Assoziation ist hier wohl das Nationalgetränk Wodka, das in dem Land einen de facto heiligen Status innehat. In Russland gehört daneben aber auch eine nicht alkoholische (Schwarz-)Teekultur zum Alltag. Die Teekultur des Landes stammt ursprünglich aus China und kam über die Seidenstraße.

Auch in der arabischen Welt Westasiens ist das Trinken von Tee sehr verbreitet und eng verwoben mit einer ausgeprägten Gastfreundschaft; wird aber insgesamt zu allen möglichen Gelegenheiten getrunken. Daneben ist die arabische Welt geprägt von einer alten Kaffeekultur, zu der auch Kaffeehäuser gehören. Daneben gibt es Getränke, die speziell zum religiösen Fest Ramadan getrunken werden. Zu solchen kalorienreichen Getränken, die den Fastenden helfen, gut über den Tag zu kommen, gehören etwa Joghurtgetränke.

Es bestehen wegen des muslimischen Glaubens Alkoholverbote in vielen Ländern der Region, wie zum Beispiel in Kuwait und Libyen, wo das Trinken vollständig verboten ist. Häufig finden sich aber Ausnahmeregelungen für Ausländer. Trotz solcher Verbote besteht in einigen muslimisch geprägten Ländern eine gewisse Subkultur des Alkoholkonsums.

Zentralasien mit seinen ehemaligen Sowjetrepubliken ist trinkkulturell zu einem Teil der russischen Einflusssphäre und der Wodka-Kultur zuzurechnen. Im südlichen Zentralasien und auf dem indischen Subkontinent hat vor allem Tee eine hohe Bedeutung. Chaitee gilt als Nationalgetränk und wird in vielen Varianten, mit verschiedensten Gewürzen zubereitet. In Indien wird interessanterweise erst seit der britischen Kolonialzeit die heimische Teepflanze für die Zubereitung von Tee im Land selber verwendet. Im Hinduismus wird Alkohol eher abgelehnt, da er das Karma negativ beeinflusse.

Ost- und Südostasien sind stark vom Buddhismus geprägt, welcher (wie der Hinduismus) auch eher alkohol-reduzierend wirkt. Dies liegt daran, dass das Trinken als Beeinträchtigung des klaren Geistes gilt (was ja auch stimmt). Wenn, dann wird eher bewusst und moderat getrunken. Andererseits wird trotz buddhistischer Prägung insbesondere in Japan und China viel Alkohol getrunken, vor allem Schnaps. In China gibt es bei Saufgelagen sogar regelmäßig Tote und in Südkorea ist das Komasaufen unter Jugendlichen als aktuell großes soziales Problem zu.

Besonders rituell aufgeladen ist auf der alkoholfreien Seite Ostasiens das soziale Trinken von Tee. Teerituale und Teezeremonien können geradezu eine Wissenschaft für sich sein.

Im tropischem Klima Süd- und Südostasiens, etwa in Vietnam und Kambodscha, sind beliebte Erfrischungen unter anderem Kokoswasser, frisch gepresster Zuckerrohrsaft, Eistees und alkoholfreie Cocktails. In Südostasien, vor allem in Ländern wie Malaysia oder Singapur sind zudem sogenannte Jelly-Getränke beliebt und traditionell verankert. Ähnlich der bei uns in den 2010er-Jahren beliebten »Bubble Teas«, Pop-Versionen eines Jelly-Getränks.

1 **Kha sehat walary** (ښه صحت ولری / Paschtunisch) [Kha-sehat-walari]: »Prost – auf die Gesundheit«

2 **Beh salomaty** (به سلامتی / Persisch) [Bässaloamatih]: »Prost«

Afghanistan

Wenn Alkohol, vor allem Wein, weniger Bier

Es handelt sich um ein muslimisches Land, weshalb Alkoholkonsum und Trinkrituale in der Öffentlichkeit unüblich sind. Dafür sind traditionelle Teezeremonien sehr beliebt. Wichtiger Hinweis für Reisende: Während die Afghanen im Land keinen Alkohol kaufen dürfen, dürfen Ausländer Alkohol in begrenztem Umfang in speziellen Läden erwerben.

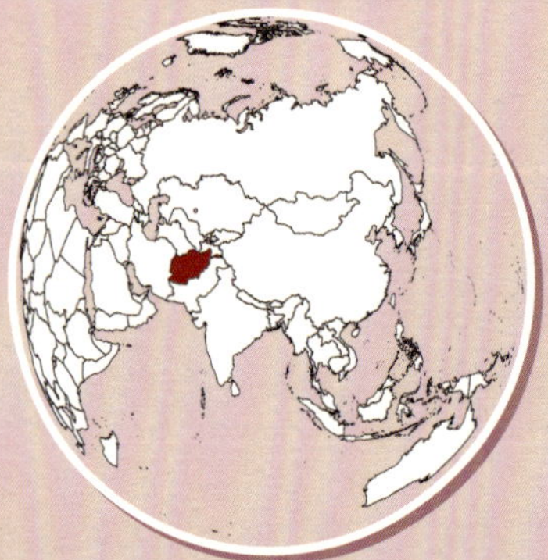

Beliebte Getränke

Tee In Afghanistan wird sehr viel Tee getrunken, meist schwarzer oder grüner Tee, häufig gewürzt mit Kardamom. Der Tee wird in Samowaren zubereitet – speziellen, oft verzierten Teekesseln. Zu besonderen Anlässen wird auch Qaimaq Chai serviert, was ein leuchtend rosaroter Tee mit Natron und Milch ist.

Dugh Das leicht gesalzene Getränk auf Basis von Joghurt, Molke und Mineralwasser (mit oder ohne Kohlensäure), wird mit verschiedenen Gewürzen verfeinert und erfreut sich großer Beliebtheit im Land. Zum Teil wird es mit zusätzlichem Rosenwasser abgerundet. Zu den ergänzenden Gewürzen zählen wahlweise Muskat, Pfeffer oder Kardamom, Estragon oder Minze.

Armenien

Zum Teil wird am Tisch jemand ausgewählt, der für das Zuprosten und die Unterhaltung zuständig ist. Er heißt dann *Tamada,* ist also Zeremonienmeister (eine Art Tischmoderator).

Genatzt (Կէնաձդ / Armenisch) [Genatzt]:
»Auf das/Dein Leben!«

Vor allem Bier und Wein

Beliebte Getränke

Bier Biere aus Armenien gelten allgemein als hochwertig und sind die beliebtesten alkoholischen Getränke im Land. Lokale Marken sind etwa Kotaik, Kilikia und Gyumri. Importierte Biere wie Heineken oder Bavaria sind auch zu kaufen, allerdings für deutlich höhere Preise als die einheimischen.

Wein Armenien gehört zu den ältesten Weinanbauregionen und die Vielfalt der hergestellten Weine ist recht groß. Die klimatischen und landwirtschaftlichen Verhältnisse gelten als sehr gut für den Anbau. Die meisten im Land hergestellten Weine sind halbtrocken oder süß, wobei inzwischen aber auch trockene Weine produziert werden.

Cognac Armenien ist bekannt für seinen Cognac, der als qualitativ überragend angesehen wird. Als bester Cognac gilt die Marke Ararat. Der Schnaps ist auch ein wesentliches Exportgut des Landes, wobei Hauptabnehmer Russland ist. Der Cognac reift im Fass je nach Qualität zwischen drei und fünf –deutlich mehr Jahre bei teureren Varianten.

Saglığına [Salenana]: »Auf Dein Wohl!«

Aserbaidschan

Es handelt sich um ein muslimisches Land: Zwar sind Alkoholkonsum und Trinkrituale in der Öffentlichkeit zum Teil unüblich, aber das Land ist doch recht tolerant gegenüber Alkohol. Etwa Wodka ist beliebt, was auch dem historischen Einfluss des Landes als erzwungene Sowjetrepublik (1920–1991) geschuldet ist.

Beliebte Getränke

Tee Schwarztee gilt als Nationalgetränk Aserbaidschans. Er wird in einem Samowar gekocht, einem großen, meist hübsch verzierten Teezubereiter. Als Gast bekommt man auf jeden Fall als Erstes Tee serviert. Zum Teil wird der Tee mit Gewürzen wie Kardamom und Zimt zusätzlich aromatisiert und stets aus kleinen Gläsern getrunken.

Sherbet Ein süßes Kaltgetränk, das mit dem Saft unterschiedlicher Früchte, Blütenblättern (z. B. von Rosen) und Zucker hergestellt wird. Das ursprünglich aus dem Iran stammende Getränk hat je nach Zusammensetzung eine mehr oder weniger dickflüssige Konsistenz.

Kwas Ein fermentiertes, nicht alkoholisches Brotgetränk, das in Aserbaidschan und in der gesamten Region zur Erfrischung getrunken wird. Zum Teil wird Kwas mit Zitrone aromatisiert.

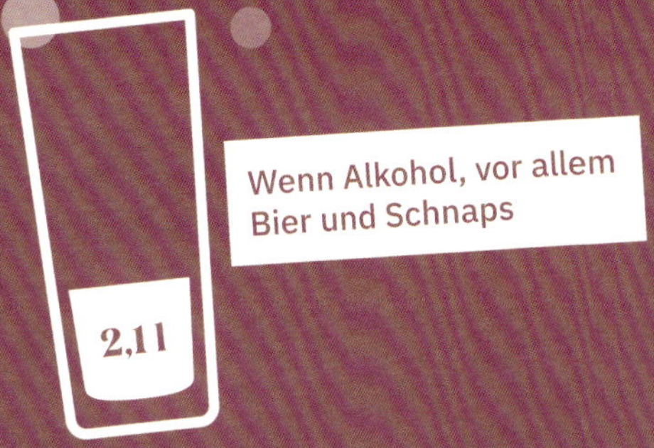

Beliebte Getränke

Kaffee Das Getränk hat eine hohe Bedeutung und wird etwa Gästen angeboten, meist sobald sie das Haus betreten. Der Kaffee wird recht lange in einer kleinen Kanne gekocht, mit Kardamom gewürzt und in kleinen Tassen serviert. Teilweise auch ergänzt mit Rosenwasser und Safran.

Laban Ein Milchprodukt aus fermentierter Milch, das Joghurtkulturen enthält und auch als Getränk konsumiert wird. Laban wird zu Hause hergestellt oder kann fertig verpackt in verschiedenen Geschmacksrichtungen im Supermarkt gekauft werden.

Namlait Der Markenname einer Reihe von kohlensäurehaltigen Getränken, die in verschiedenen Geschmacksvarianten und Farben seit den 1950er-Jahren in Bahrain getrunken werden. Der Name bedeutet einfach Limonade. Die Flaschen sehen sehr schön bunt aus und haben oben am Verschluss eine Auswölbung. Geschmacksrichtungen sind unter anderem Zitrone, Granatapfel oder Rose.

Bahrain

Zum Teil handelt es sich um ein muslimisches Land. In dieser Bevölkerungsgruppe (70 %) sind Alkoholkonsum und Trinkrituale unüblich. Der Alkoholkonsum wurde 2014 zum Teil eingeschränkt, nachdem die liberale Gesetzgebung aus Sicht der konservativen Regierung zu einem zu hohen Alkoholkonsum geführt hatte. Der Alkoholkonsum in der Öffentlichkeit, außerhalb bestimmter Bars, Restaurants und Hotels, ist verboten.

1 **Fī ṣiḥatik** (في صحتك / Arabisch) [Fie-Sehattäck]: »Auf die/Deine Gesundheit«

2 **Cheers** [Tschiers]: »Prost«

Ciyārsa (চীয়ার্স / Bengalisch / Bengali) [Chiaarsa]: »Freude«

Bangladesch

Es handelt sich um ein überwiegend muslimisches Land. In dieser Bevölkerungsgruppe (90 %) sind Alkoholkonsum und Trinkrituale zumindest in der Öffentlichkeit eher unüblich. Achtung: Konsum und Verkauf von Alkohol sind verboten. Nichtmuslime dürfen jedoch in privaten Räumen Alkohol trinken. Auch einige Restaurants, Clubs oder Hotels dürfen Alkohol ausschenken, vor allem in touristischen Gegenden.

Keine Angabe

Beliebte Getränke

Borhani Ein traditionelles, verdauungsförderndes Joghurtgetränk, das mit Wasser vermischt und verschiedenen Gewürzen wie wahlweise Koriander, Kreuzkümmel, Minze, Ingwer, Pfeffer oder Chili versetzt getrunken wird. Borhani wird nach dem Essen oder bei offiziellen Anlässen bzw. Festen getrunken.

Süßgetränke Beliebt ist etwa frisch gepresster Zuckerrohrsaft, aber auch der Getränke-Sirup Rooh Afza, der hauptsächlich zur Zeit des Ramadan mit Wasser aufbereitet getrunken wird. Aus dem Sirup wird eine knallrote Limonade mit einer Mischung aus Frucht- und Gewürzaromen.

Sharbat Ein kühles Sommergetränk auf Basis von Früchten oder Blütenblättern. Die Zusammensetzung variiert je nach Geschmack oder Region und die Zutaten können unter anderem Basilikumsamen oder Fenchel sein, Rosenblätter, Hibiskus, Orange, Zitrone, Mango oder Ananas. Es gibt eine Vielzahl von Kombinationsmöglichkeiten und Varianten für das Getränk.

Brunei

Es handelt sich um ein überwiegend muslimisches Land. In dieser Bevölkerungsgruppe (67 %) sind Alkoholkonsum, Verkauf und Trinkrituale in der Öffentlichkeit unüblich. Nichtmuslimische Erwachsene dürfen zwei Flaschen hochprozentiger Getränke bei der Einreise in das Land bringen, oder zwölf Flaschen Bier. Dies muss bei der Einreise angegeben werden und der Alkohol darf im Land nur in privaten Räumen getrunken werden. Noch ein wichtiger Hinweis zum Thema Trinkwasser: Die Qualität des Leitungswassers in Brunei ist im internationalen Vergleich sehr schlecht und darf nicht getrunken werden. Als Trinkwasser nur gut verschlossenes Flaschenwasser verwenden.

1 **Minum** [Mie-nuhm]: »Trinken«
2 **Yum seng** (飲勝 / Kantonesisch / Chinesisch) [Jamm-Seng]: »Auf den Erfolg trinken!«
3 **Cheers** [Tschiers]: »Prost«

Wenn Alkohol, vor allem Bier

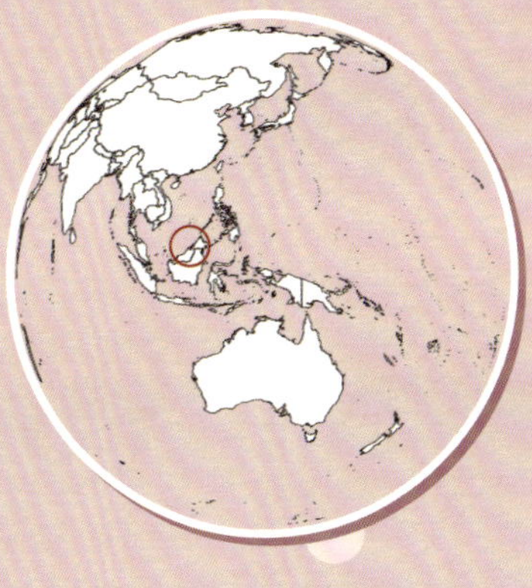

Beliebte Getränke

Kokosmilch Das Getränk wird aus dem pürierten Kokosfleisch reifer Kokosnüsse hergestellt. Kokosmilch hat einen hohen Gehalt an Öl und wird auch für die Küche in Brunei verwendet.

Kaffee Sehr beliebtes Heißgetränk im Land, wobei der Pro-Kopf Kaffeekonsum mit jährlich gut vier Kilo laut internationaler Statistiken höher ist als in allen anderen Ländern Ost- und Südostasiens.

Air Batu Campur Dieses Süßgetränk wird auch ABC genannt und ist je nach Zubereitung eher ein Eis-Nachtisch oder ein Getränk. Es besteht aus feinem, schneeartigem Eis, gemischt mit verschiedenen Sirupsorten und Geschmacksrichtungen.

China

Vor allem helle Spirituosen, dann Bier, weniger Wein

Der Gastgeber oder die älteste anwesende Person stößt auf den Gast an und er muss auf den Gastgeber anstoßen. Ein mehrfaches Anstoßen während der Mahlzeit ist üblich. Die Gläser sollen sich dabei am Rand berühren. Dann mit dem Glas auf den Tisch tippen. Es ist nicht verboten, auch mit nicht alkoholischen Getränken mit anzustoßen. Man sollte sich generell nicht selbst eingießen, das macht der Gastgeber. Auch sollte man erst trinken, wenn alle ein Getränk haben. Und zu guter Letzt: Wenn man »auf ex« trinkt, zeigt man nach dem Herunterkippen das leere Glas vor.

1 **Gānbēi** (干杯 / Mandarin) [Ganbeiy, Gü-pey]: »Auf ein leeres Glas / Auf ex!« (Shanghai)

2 **Yámbūi** (飲杯 / Kantonesisch / Chinesisch) [Jahmm-Buoi]: »Auf ein leeres Glas / Auf ex!«

3 **Yum seng** (飲勝 / Kantonesisch / Chinesisch) [Jamm-Seng]: »Auf den Erfolg trinken!« (Bei offiziellen Anlässen verwendet)

Beliebte Getränke

Tee China ist nach Sri Lanka der zweitgrößte Tee-Exporteur weltweit. Verbreitet im Land sind viele Sorten – ob grüner, weißer oder gelber Tee, bis hin zu Schwarztee (roter Tee). Auch wird Chrysanthemum-Tee mit einem angenehm blumigen Aroma getrunken. In der Region Tibet ist Buttertee (Po cha) von hoher Bedeutung. Er wird mit Teeblättern, Yakbutter und Salz zubereitet.

Maotai Ein sehr teurer Schnaps, der aus roter Hirse und aus Weizen hergestellt wird. Das Getränk hat einen Alkoholgehalt von 70 % und dient häufig als offizielles Geschenk chinesischer Botschaften im Ausland.

Baijiu Es handelt sich um einen sehr beliebten Schnaps in verschiedenen Varianten, der auf Getreidebasis hergestellt wird und einen Alkoholgehalt von 50–65 % hat. Einige teure Sorten Baijiu (»Weißer Alkohol«) können bis mehrere Hundert Euro pro Flasche kosten. Für den westlichen Geruchssinn ist der Schnaps häufig unangenehm: »Sein Geruch trifft dich zuerst. Sobald du die Flasche öffnest, strömt ein widerlich-süßes Aroma durch deine Nasenlöcher und erinnert dich an industrielle Reinigungsflüssigkeit. […] Dann wirst du feststellen, wie Baijiu langsam seine sanfte Kotznote entfaltet, abgerundet durch einen Hauch Paraffin« (Quelle: Jamie Fullerton / munchies.vice.com, 27.06.14).

Beliebte Getränke

Wein Das Getränk gehört zur Kultur des Landes, das mit einer etwa achttausendjährigen Tradition als eines der ältesten Weinanbauländer gilt. Unklar ist, ob auch das Wort Wein auf das Georgische Wort ღვინო *(Gwino)* zurückgehen könnte. Georgien verfügt über eine große Vielfalt typisch einheimischer und weltweit verbreiteten Rebsorten. Hauptabnahmeländer für den wichtigen Exportartikel sind vor allem Russland und andere GUS-Staaten.

Limonaden Limonaden habe in Georgien bereits eine längere Tradition, die bis ans Ende des 19. Jahrhunderts zurückreicht. Zu dieser Zeit wurde das Erfrischungsgetränk Tarchuna erfunden. Es besteht aus Estragonsirup und Mineralwasser und ist recht beliebt in der gesamten Region – auch über die Grenzen Georgiens hinaus.

Georgien

Es wird ein »Tischmeister« bestimmt *(Tamada)*, der dafür sorgt, dass alle ihre Trinksprüche sagen. Wenn man einen Toast ausspricht, sollte der Wortbeitrag originell und gut formuliert sein. Außerdem wird auf so ziemlich alles und jeden getrunken; insbesondere im Rahmen von traditionellen Festessen, die »Supra« genannt und mit zahlreichen Speisen und Gängen zelebriert werden.

1. **Gagimarjos** (გაგიმარჯოს / informell) [Gargimardsches]: »Prost!« oder »Hallo!« – das Wort ist vom georgischen Wort für »Sieg« abgeleitet.
2. **Gagimarjot** (გაგიმარჯოთ / formell) [Gargimardschatt]: »Auf das Glück«

Es werden neben Georgisch auch weitere Sprachen gesprochen, etwa Aserbaidschanisch (siehe Aserbaidschan).

1 **Gān bēi** (干杯 / Mandarin) [Ganbeiy]: »Auf ein leeres Glas / Auf ex!«
2 **Yámbūi** (飲杯 / Kantonesisch / Chinesisch) [Jahmm-Buoi]: »Auf ein leeres Glas / auf ex!«
3 **Dǎi gā gōn buī** (大家乾杯 /Kantonesisch / Chinesisch) [Dai-ga-gon-bui]: »Prost«
4 **Cheers** [Tschiers]: »Prost«

Hongkong

Zu China gehörig

Der Gastgeber stößt auf den Gast an und er muss auf den Gastgeber anstoßen. Mehrfaches Anstoßen während der Mahlzeit ist üblich. Die Gläser sollen sich am Rand berühren. Dann wird mit dem Glas auf den Tisch getippt. Man sollte nie sich selbst eingießen, das bleibt dem Gastgeber überlassen.

Vor allem helle Spirituosen, dann Bier, weniger Wein

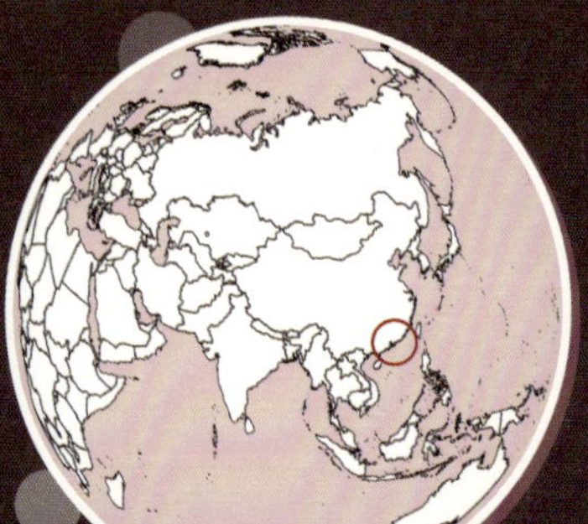

Beliebte Getränke

Tee In Hongkong wird gerne Tee getrunken, vor allem zum Essen. Besonders verbreitet ist schwarzer Tee mit Kondensmilch. Ein weiteres beliebtes Teegetränk heißt Yuanyang (»Mandarin-Ente«). Hierfür wird Milchtee mit Kaffee gemischt und mit Eiswürfeln getrunken. Der Name kommt daher, dass männliche und weibliche Enten sehr unterschiedlich aussehen, so wie Kaffee und Tee auch unterschiedlich sind, dennoch aber gut zusammenpassen.

Bier Bier ist recht beliebt in Hongkong. Verbreitete Marken heißen etwa San Miguel, Tsingtao (aus China) oder Carlsberg. Auch das südkoreanische »Blue Girl« ist recht beliebt. Inzwischen gibt es aber auch eine Vielzahl von kleinen Brauereien und Bieren.

Beliebte Getränke

Lassi Ein Joghurtgetränk, das sich in Indien großer Beliebtheit erfreut. Es gibt das Getränk in verschiedenen Varianten (nicht nur in Indien). Lassi wird gerne zu scharfen Gerichten getrunken, da es durch das enthaltene Fett die Schärfe weniger unangenehm macht. In Indien speziell ist der Bhang-Lassi, der getrocknete Cannabisblätter oder -blüten enthält.

Toddy Es handelt sich um einen Palmwein, der in Indien und verschiedenen Ländern Südostasiens getrunken wird. Für Indien entsteht das Getränk meist auf Grundlage des Safts von Kokos- oder Palmyrapalmen. Der Saft wird gewonnen, indem der Stamm bei den Zweigen der Palme angeritzt und die austretende Flüssigkeit aufgefangen wird. In einigen Regionen Indiens wird der Palmsaft auch unvergoren als Saft getrunken.

Tee Indien ist einer der größten Teeproduzenten weltweit und es werden vor allem Schwarz- und Kräutertees getrunken. Beliebt ist auch Masala Chai, der mit Milch zubereitet und zum Teil mit Kardamom oder Ingwer aromatisiert wird.

1 **Chiyars** (चयिर्स / Hindi) [Tschears]: »Freude!«
2 **Ayurahrogillahu** (आयुरारोग्य लाभो / Marathi) [Ayurah-rogillahu]: »Es soll gut werden!«
3 **Badhiyasehatkevaste** (बढ़िया सेहत के वास्ते / Bhojpuri) [Badhiya-sehat-ke-vaaste]: »Auf die Gesundheit«
4 **Ciyārsa** (চীয়ার্স / Bengalisch / Bengali) [Chiaarsa]: »Zum Wohl«
5 **Zijars** (சியர்ஸ் / Tamil) [Tschiers]: »Prost«
6 **Cheerus** (ചിയേഴ്സ് / Malayalam) [Tschieruss]: »Prost«

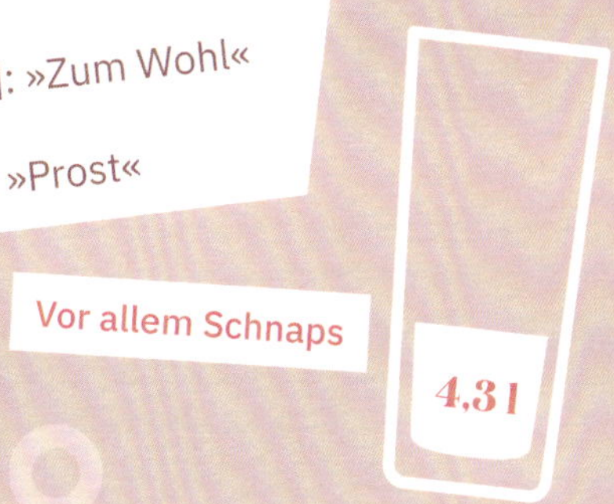

Indien

Das Anstoßen allgemein ist eher unüblich. besonders nicht mit Bier. Bei Geschäftsessen hebt der Gastgeber normalerweise das Glas als Erster.
Achtung: In den folgenden Bundesstaaten Indiens sind Konsum und Verkauf von Alkohol strikt verboten: Gujarat, Manipur, Lakshadweep, Nagaland und Bihar. In einigen anderen Bundesstaaten gibt es einzelne Tage im Jahr, an denen der Alkoholkonsum nicht erlaubt ist.

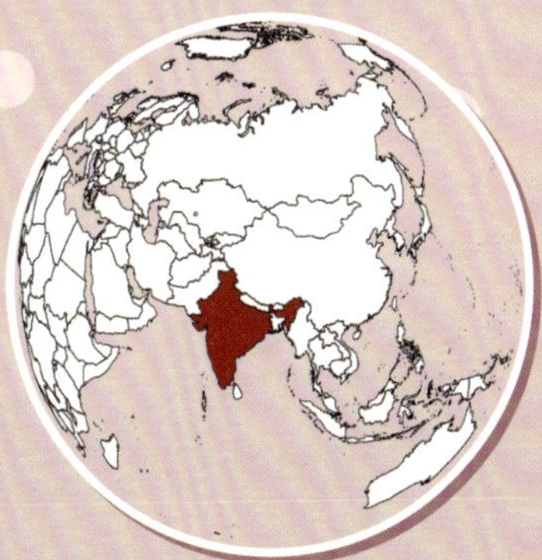

Tepuk tangan [Dab_uk_-Dan_aang_]: »Applaus«

Indonesien

Alkoholkonsum und Trinksprüche sind in der Öffentlichkeit eher unüblich, da es sich um ein überwiegend muslimisches Land handelt (87 % der Bevölkerung). Die chinesischstämmige Bevölkerung trinkt zum Teil aber Alkohol.

Wenn Alkohol, dann vor allem Bier

Beliebte Getränke

Kaffee Indonesien ist ein Kaffeeland, denn nicht nur wird die Pflanze angebaut (vor allem auf den Inseln Java, Bali und Sumatra), sondern auch viel Kaffee getrunken. Meist trinkt man den Kaffee »türkisch«, das Kaffeepulver wird dabei also direkt in der Tasse aufgebrüht, ohne Filter. Eine Kaffeesorte, die in Indonesien hergestellt wird, ist Kopi Luwak. Die Kaffeebohnen werden hierbei aus den Exkrementen der Katzenart Fleckenmusang in freier Wildbahn entnommen, geröstet und normal weiterverarbeitet. Allerdings werden viele Fleckenmusangs inzwischen nicht artgerecht eingesperrt und für die künstliche Produktion der Spezialität missbraucht.

Säfte An Straßenständen werden frischer Zuckerrohrsaft und verschiedene andere Fruchtsäfte verkauft. Zu den beliebten exotischen Früchten zählen unter anderem auch Stachelannone oder Kokos – direkt aus einer noch grünen Kokosnuss.

Arrack Es handelt sich um einen Schnaps, der aus dem Saft der Kokosnuss und aus Reismaische von rotem Reis hergestellt wird. Arrack wird häufig »schwarz« hergestellt und so kam es in der Vergangenheit häufiger zu Vergiftungen aufgrund eines zu hohen Methanolgehalts.

Irak

Alkoholkonsum und Trinksprüche sind in der Öffentlichkeit eher unüblich, da es ein muslimisches Land ist. Seit dem Ende des Saddam-Regimes haben Radikale in der Öffentlichkeit an Einfluss gewonnen, sodass der Konsum von Alkohol nicht immer zu empfehlen ist. Dies gilt insbesondere für die Zeit des Ramadan.

Fī ṣiḥatik (في صحتك / Arabisch) [Fie-Sehattäck]: »Auf die/Deine Gesundheit«

Wenn Alkohol, vor allem Bier und Schnaps

Beliebte Getränke

Tee Wie in den meisten arabischen Ländern wird auch im Irak viel Tee getrunken, meist Ceylon-Schwarztee. Er wird in vielen Fällen gewürzt mit Kardamom und mehrfach über den Tag serviert; vor allem morgens und nach den Mahlzeiten. Im Irak trinkt man den Tee sehr stark und sehr süß.

Arak Der nicht-süße Anisschnaps mit einem Alkoholgehalt zwischen 40 und 80 Prozent wird im Irak gerne getrunken, sofern man überhaupt Alkohol trinkt. Der Schnaps wird seit vermutlich 2.500 Jahren in der Region hergestellt. Arak wird häufig mit Wasser vermischt, zum Teil auch mit Eis getrunken. In dem Fall trübt sich das Getränk weiß-trüb ein.

Wenn Alkohol, vor allem Wein, etwas weniger Bier

Beliebte Getränke

Tee und Kaffee Im Iran wird schwarzer Tee angebaut und viel getrunken, meist gesüßt mit Zucker und zum Teil mit Safran aromatisiert. Typischerweise wird Gästen als Erstes Tee angeboten. Auch Kaffee wird getrunken, vor allem in den Cafés der Großstädte des Landes. Historisch betrachtet ist Kaffee seit dem 16. Jahrhundert im Iran verbreitet.

Wein Es wird traditionell Wein hergestellt, wobei die älteste, gut 7000 Jahre alte Anlage zum Keltern von Wein im Iran gefunden wurde. Wein und andere Alkoholika (wie der Schnaps Araq Sagi) werden seit der islamistischen Revolution 1979 vor allem von den nicht muslimischen Minderheiten für den Eigenbedarf hergestellt.

Dugh Ein Joghurtgetränk, das im Iran verbreitet ist – in Variationen auch in anderen Ländern des Nahen Ostens. Bestandteile sind neben Joghurt Molke, Wasser und Salz. Dugh wird meist mit Minze, anderen Kräutern und Gewürzen oder Gurkenstückchen serviert.

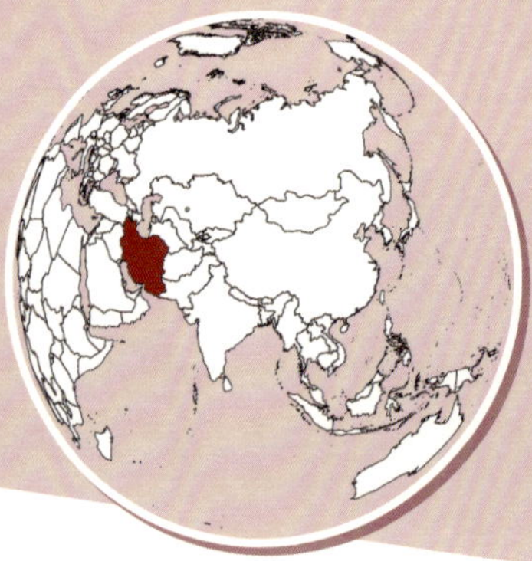

Besalamati (به سلامتی / Arabisch) [Bessaloamatih]: »Auf Deine Gesundheit«

Iran

Alkoholkonsum und Trinksprüche werden seltener praktiziert als in Mitteleuropa, da der Iran ein muslimisches Land ist. Der Alkoholkonsum ist für die muslimische Bevölkerung verboten (auch wenn viele Iraner im privaten Umfeld Alkohol trinken). Nichtmuslime dürfen unter bestimmten Bedingungen Alkohol im Iran herstellen und Touristen dürfen alkoholische Getränke auf Reisen in das Land einführen.

Israel

Israel ist ein zum Teil muslimisches Land. In dieser Bevölkerungsgruppe (33 %, ohne Berücksichtigung der besetzten palästinensischen Gebiete) sind Alkoholkonsum und Trinkrituale in der Öffentlichkeit unüblich. Toasts werden eigentlich nur bei sehr formalen Anlässen ausgesprochen.

L'Chaim (לחיים / Hebräisch / Jiddisch) [Lachaim]: »(Auf das) Leben«

Zu gleichen Teilen vor allem Bier und Schnaps

Beliebte Getränke

Kaffee Sehr beliebt in verschiedenen Varianten auch etwa als Eiskaffee. Er wird entweder typisch europäisch getrunken oder als türkischer Kaffee, zum Teil mit Kardamom aromatisiert.

Limonaden Limonana ist eine recht verbreitete Limonade, die aus frisch gepressten Zitronen und Minze hergestellt wird. Beliebt ist auch das Getränk Rimonana, das auf Basis von Granatapfel und Minze gemischt wird. Daneben wird Malzbier in Israel gerne getrunken.

Wein Wein wird etwas weniger getrunken – und wenn, dann in der Regel zu Mahlzeiten oder sozialen Anlässen. Traditionell wurden überwiegend recht süße Weine im Land getrunken, in den letzten Jahren aber zunehmend auch trockene. Wichtig für die religiösen Israelis ist, dass der Wein koscher hergestellt ist.

Kanpai (乾杯 / Japanisch)
[Kann-pai]: »Leere das Glas!«

Es kann sein, dass die Japaner hin und wieder *»Icki-Icki«* sagen; das heißt, man soll schnell austrinken. Achtung: Nie *»Chin Chin«* sagen! Das heißt so etwas wie »Genitalien«.

Japan

Man schenkt sich bei gemeinsamem Trinken meist nicht selbst ein oder nach, das erledigt der Sitznachbar. Besonders, wenn der Sitznachbar älter oder der Chef ist! Es wird sich am Anfang und Ende von Veranstaltungen zugeprostet. Nur der Gastgeber sagt *»Kanpai«*. Ausländer müssen keinen Toast als Erwiderung auf den Gastgeber aussprechen. Wenn man Geschäfte machen will, wird dabei viel getrunken.

Beliebte Getränke

Sake Ein traditioneller Reiswein, der im Land häufig getrunken wird. Die Japaner selber nennen das, was wir als Sake kennen *Nihonshu* (Bedeutung: japanisches Alkoholgetränk). Sake wird in verschiedenen Varianten hergestellt, zum Teil auch ungefiltert, also trüb. Das Getränk wird außerdem im Rahmen religiöser Zeremonien getrunken.

Bier Bier ist neben verschiedenen Schnäpsen sehr beliebt in Japan, wobei das Getränk durch westliche Einwanderer im 19. Jahrhundert ins Land kam. Aufgrund steuerlicher Gegebenheiten werden vor allem Biere mit geringeren Malzgehalten getrunken. Diese Getränke heißen Happoshu. Die meistgetrunkenen Biere stammen von den Marken Asahi, Sapporo, Kirin und Suntory. Insgesamt werden bevorzugt Lager- und Pilsbiere, aber auch dunkle Biere getrunken.

Highball / Chūhai Beliebt ist das Mixgetränk Highball, gemischt aus Whisky und Mineralwasser mit Kohlensäure. Das Getränk hat aufgrund der hohen Verdünnung einen moderaten Alkoholgehalt von 5–10 %. Auch beliebt in Japan ist die Highball-Variante Chūhai, die mit Früchten angereichert und dadurch aromatischer ist. Chūhai gibt es in verschiedenen Geschmacksrichtungen, z. B. Zitrone, Pflaume, Pfirsich oder Limette.

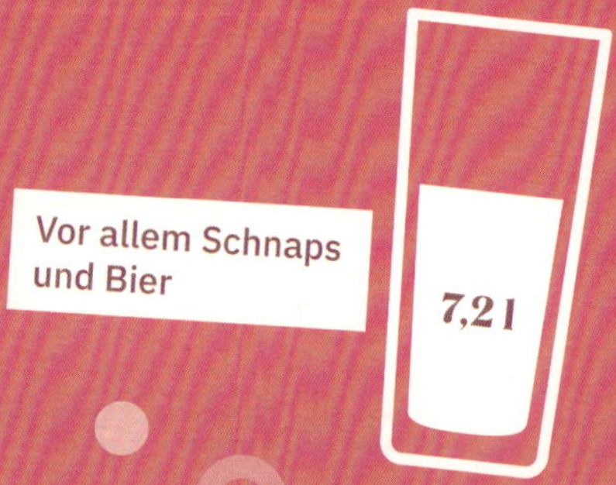

Fī şiḥatik (في صحتك / Arabisch) [Fie-Sehattäck]:
»Auf die/Deine Gesundheit«

Jemen

Es handelt sich um ein muslimisches Land, weshalb Alkoholkonsum und Trinkrituale in der Öffentlichkeit unüblich sind. Der Alkoholkonsum ist für Einheimische illegal (außer in den Städten Aden und Sana). Alkohol wird nur in speziellen Läden verkauft. Nichtmuslimische Ausländer dürfen begrenzte Mengen von Alkohol mit ins Land bringen.

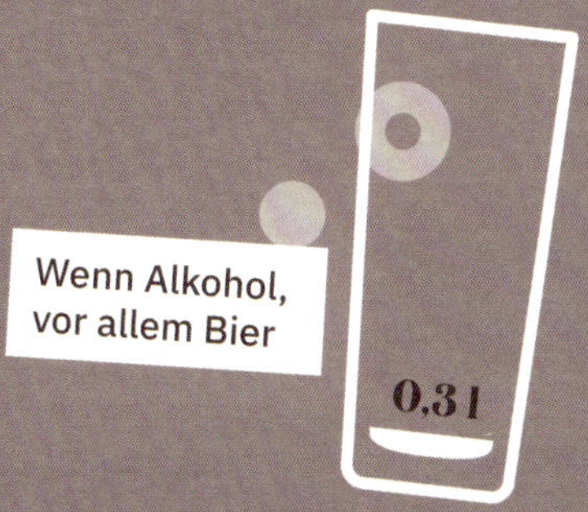

Beliebte Getränke

Tee Im Jemen wird besonders viel und häufig Tee getrunken – und wird Gästen stets als Erstes angeboten. Beliebt ist Schwarztee mit Milch, Zucker und Kardamom, der Shahi haleeb genannt wird.

Naqe'e Al Zabib Ein Getränk, das auf Grundlage von Rosinen hergestellt wird. Dabei werden die Rosinen in heißem Wasser eingelegt und danach wird die Flüssigkeit ausgepresst. Der süße Saft aus den Rosinen wird dann kalt getrunken.

Kaffee Beliebt ist Kaffee und zwar in der Variante namens Mokka. Der Name ist entstanden, da in der Antike vom Hafen der Stadt Mokka der Kaffee des Landes verschifft wurde. Er wird seit der Antike in den gebirgigen Regionen Jemens angebaut und nach einem alten Verfahren verarbeitet. Bei dem Verfahren werden die ganzen Kaffeefrüchte getrocknet und erst nach dem Trocknen werden die Bohnen vom Fruchtfleisch befreit.

Fī ṣiḥatik (في صحتك / Arabisch) [Fie-Sehattäck]:
»Auf die/Deine Gesundheit«

Wenn Alkohol, dann vor allem Schnaps

Jordanien

Jordanien ist ein muslimisches Land, Alkoholkonsum und Trinkrituale sind in der Öffentlichkeit unüblich. Allerdings ist man im Land vergleichsweise tolerant gegenüber Alkohol, sofern man sich nicht betrinkt. Auf der Straße und öffentlichen Plätzen darf man allerdings nicht trinken.

Beliebte Getränke

Kaffee In Jordanien wird Kaffee in der Regel nach dem Essen als eine Art von Nachtisch getrunken. Er wird in kleinen Tassen serviert und besteht aus fein gemahlenem Kaffeepulver, meist gewürzt mit Kardamom und stark gesüßt.

Limonana Ein populäres Mischgetränk in Jordanien und anderen Ländern des Nahen Ostens, das aus Wasser, Zitrone und Minze gemischt und mit Eis serviert wird. Limonana ist sehr erfrischend im heißen Klima des Landes.

Arak Der mit Wasser vermischt getrunkene Schnaps wird aus destilliertem Wein hergestellt. Nach dem Destillieren wird ihm Anis hinzugefügt, wodurch er seinen spezifischen Geschmack erhält. Arak wird vor dem Trinken mit Wasser vermischt und bekommt dadurch eine milchig-weiße Färbung. Der Name dieses Schnapses ist vom arabischen Wort für Schweiß abgeleitet.

Kambodscha

Ein Fakt zur Wassersituation: Gut 20 % der Menschen in Kambodscha verfügen nicht über ein sicheres Trinkwasser in ihrem Alltag. Ganz allgemein sollte man das Wasser aus der Leitung im Land nicht trinken, sondern verschlossene Plastikflaschen kaufen, da es mit Bakterien oder Schwermetallen belastet sein kann.

Chôl muŏy (ជល់មួយ / Khmer) [Tschul-Moui]: »Prost«

Vor allem Schnaps und Bier

Beliebte Getränke

Reiswein Ein sehr beliebtes alkoholisches Getränk in Kambodscha. Zum Teil wird Reiswein mit Früchten oder Gewürzen zusammen in der Flasche hergestellt, sodass er mehr Aroma bekommt. Diese Variante des Reisweins heißt Sraa Tram.

Bier Das am häufigsten getrunkene Bier des Landes heißt Angkor, wobei auch Klang Beer, Black Panther Premium Stout oder Bayon Beer beliebt sind. Auch ausländische Marken sind verfügbar wie Heineken, San Miguel oder Tiger.

Erfrischungsgetränke Eines der beliebtesten Erfrischungsgetränke im Land ist Kaffee mit Eiswürfeln und Kondensmilch, der zu allen Tageszeiten getrunken wird. Ein ähnliches Getränk ist frisch gebrauter Eistee, etwa aus Lemongras, der auch mit Kondensmilch und zum Teil lokalen Fruchtsäften zubereitet wird. Daneben ist Palmsaft ein beliebtes Kaltgetränk in Kambodscha: Der sehr vitamin- und mineralstoffreiche Saft wird aus den angeschnittenen Blütenstielen von Palmen gewonnen. Eine Zuckerpalme kann so bis zu drei Liter Saft am Tag liefern.

Überwiegend Schnaps, weniger Bier, auch Weine

Beliebte Getränke

Tee Das am häufigsten konsumierte, nicht alkoholische Getränk im Land. Die meisten Menschen nehmen das Teetrinken hier sehr ernst und nehmen sich mehrfach am Tag Zeit dafür. Am häufigsten wird Schwarztee getrunken. Die Gläser werden nur halb gefüllt, damit der Tee während des Trinkens nicht kalt wird.

Kumys Unter den alkoholischen Getränken Kasachstans ist Kumys neben Wodka und Bier ein beliebtes Getränk. Kumys wird in den Sommer- und Herbstmonaten aus Milch hergestellt, die meist von Kamelen, Schafen oder Pferden stammt. Für die meisten Mitteleuropäer ist das Getränk zumindest gewöhnungsbedürftig und wird beschrieben als ein geschmackliches Erlebnis irgendwo zwischen Buttermilch und Sekt.

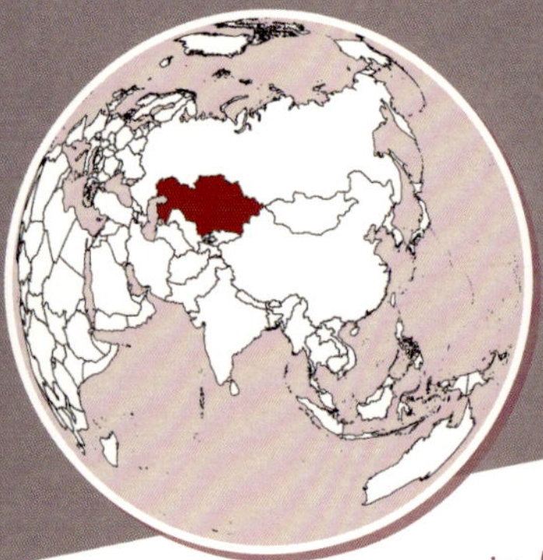

Densauliq ushin (Денсаулық үшін / Kasachisch) [Deenssau-ohrüschn]: »Auf die Gesundheit«

Kasachstan

Es ist ein zum Teil muslimisches Land (70 % der Bevölkerung), wobei Kasachstan dennoch eine alkoholische Trinkkultur hat. Die Offenheit gegenüber Alkoholika trotz der Religion liegt auch daran, dass das Land von 1919 bis 1991 von der UdSSR, also russisch beherrscht wurde. Wodka ist daher – wenig überraschend – stark verbreitet.

Katar

Katar ist ein überwiegend muslimisches Land (78 %). In dieser Bevölkerungsgruppe sind Alkoholkonsum und Trinkrituale in der Öffentlichkeit unüblich. Achtung: Der Import von Alkohol in das Land ist verboten. Auch darf an öffentlichen Orten kein Alkohol getrunken werden. Außerhalb der wenigen Orte, an denen man Alkohol trinken darf, benötigt man eigentlich eine Alkohol-Lizenz – auch um Alkohol kaufen zu können. Es bekommen nur Nichtmuslime eine solche Lizenz ausgestellt.

Fī ṣiḥatik (في صحتك / Arabisch) [Fie-Sehattäck]: »Auf die/Deine Gesundheit«

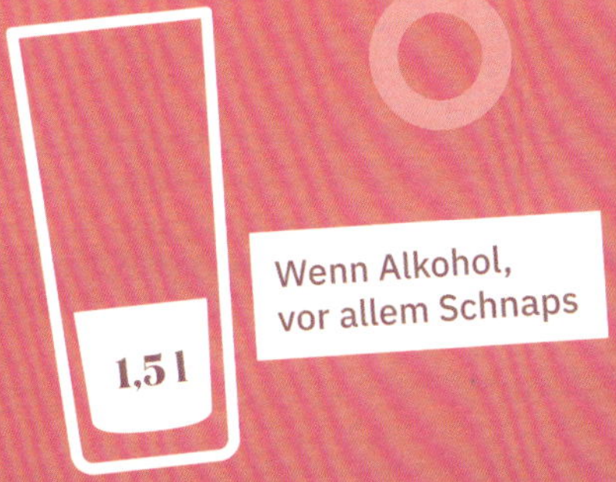

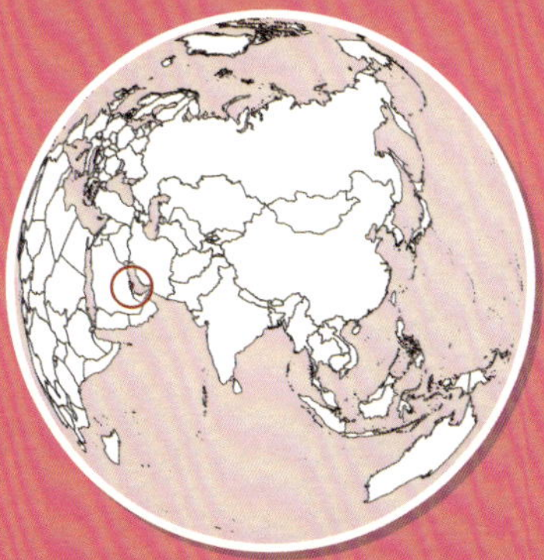

Beliebte Getränke

Kaffee Das Heißgetränk ist ein wichtiger Teil des Lebens für die Menschen in Katar, besonders während des sozialen Zusammenseins – und wenn man Gäste bewirtet. Es wird in der Regel hochwertiger Arabica getrunken, der aus leicht gerösteten Kaffeebohnen hergestellt ist. Häufig wird der Kaffee mit Kardamom oder Ingwer gewürzt.

Erfrischungsgetränke Fruchtsäfte erfreuen sich großer Beliebtheit in Katar und an vielen Straßenständen können sie in interessanten Varianten gekauft werden. Zu den besonders erfrischenden Getränken gehören welche auf Basis von Minze und Zitrone.

Den-sooluk ütschün (Ден соолугубуз үчүн / Kirgisisch) [Den-soo-ogoschün]: »Auf unsere Gesundheit«

Wenn Alkohol, überwiegend Schnaps

Kirgisistan

Trotz der überwiegend muslimischen Bevölkerung (89 %) wird recht viel Alkohol getrunken. Auch Kirgisen, die nicht selbst trinken, stören sich meist nicht daran, wenn es andere tun.

Beliebte Getränke

Tee In Kirgisistan wird viel schwarzer und grüner Tee getrunken, vor allem zu den Mahlzeiten. Beim Essen wird Tee im Norden des Landes traditionell eher von Frauen, im Süden eher von Männern eingegossen. Die Tassen werden dabei nur halb gefüllt.

Kumis Ein beliebtes traditionelles Getränk aus fermentierter Stutenmilch. Es wird im Sommer häufig am Straßenrand verkauft oder kann auch direkt von den Bauern mit den Pferdeherden gekauft werden. Lehnt man das Getränk als Gast ab, wird dies als unhöflich empfunden.

Maksim Ein mit Kohlensäure versetztes Getränk, das aus Weizen hergestellt und auch im Sommer an Straßenständen verkauft wird. Das Getränk, das auch Jarmah genannt wird, wird zum Teil privat hergestellt. Der größte offizielle Hersteller für das Getränk heißt Shoro.

Korea

Republik Korea (Südkorea) und Demokratische Volksrepublik Korea (Nordkorea)

Gemeinsam Trinkende schenken sich gegenseitig ein. Die Person, die etwas bekommt, muss das Glas dabei mit beiden Händen festhalten. Formales Zuprosten wird normalerweise nur vom Gastgeber durchgeführt. Wenn mit dem Wort *»wonshot«* angestoßen wird, muss man in einem Zug austrinken. Das Glas sollte mit der rechten Hand angehoben werden. Jüngeren Anwesenden werden Getränke ggf. von den älteren Anwesenden eingeschenkt.

1 **Konbae** (곤배 / Koreanisch) [Konpä]: »Leere das Glas!«
2 **Wihayeo** (위하여 / Koreanisch) [Wüäoa]: »Auf …!«

»Konbae« ist als Trinkspruch am weitesten verbreitet.

12,3 l (Süd)
3,7 l (Nord)

Südkorea | Schnaps und Bier • **Nordkorea** | Schnaps, deutlich weniger Bier

Beliebte Getränke

Soju Ein überaus populärer Schnaps, der hauptsächlich aus Reis hergestellt wird und ähnlich schmeckt wie Wodka. Das Getränk hat eine lange Tradition und wird seit dem 13. Jahrhundert hergestellt. Erwachsene Südkoreaner (über 20 Jahre) trinken sage und schreibe rund 90 Flaschen Soju pro Kopf und Jahr.

Tee Grüner Tee ist besonders beliebt in Korea und wird in verschiedenen Varianten getrunken. Daneben ist auch Ginsengtee beliebt, der als besonders gesund gilt. Verbreitet ist zudem der kalt getrunkene, malzige Chrysanthemen-Tee, der aus den getrockneten gelben Blüten der gleichnamigen Pflanze hergestellt wird.

Bier Koreanisches Bier ist weltweit weniger bekannt und wird im Allgemeinen nur von den Koreanern selbst gerne getrunken. In Nordkorea gibt es eine Reihe großer und sehr kleiner Bierbrauereien, aber auch eine recht große Palette an Biervarianten. Viele Restaurants und Hotels haben dort aus Gründen mangelnder Logistik, eigene Kleinbrauereien angeschlossen.

Noş [Nosch]: »Auf die Gesundheit«

Kurdistan

In Gründung

Es handelt sich um eine überwiegend muslimische Region, die sich über den Osten der Türkei über Nordsyrien und den Nordirak bis zum Westen des Iran erstreckt. Alkoholkonsum und Trinkrituale in der Öffentlichkeit teilweise unüblich, allerdings sind etwa die Kurden, die in der autonomen Kurdenregion im Irak leben, liberaler gegenüber Alkohol eingestellt als die irakische Regierung. Diese hatte 2016 ein Importverbot für Alkoholika beschlossen, an das man sich im kurdischen Norden des Iraks nicht hält.

Wenn Alkohol, vor allem Wein und Bier

Beliebte Getränke

Kaffee und Tee Zu allen möglichen Gelegenheiten wird in kurdischen Gebieten Tee getrunken, meist schwarzer Tee, etwas weniger aber auch Chai – Tee mit Zimt. Kurdischer Kaffee wird traditionell nicht aus Kaffeebohnen, sondern aus dem Pulver gerösteter Pistazien hergestellt und zusammen mit Milch und Zucker aufgebrüht. Der Pistazienbaum ist heimisch in den kurdischen Gebieten und seine Nüsse werden auch für Lebensmittel wie Speiseöl oder für die Seifenproduktion verwendet.

Säfte Vor allem frisch gepresste Fruchtsäfte erfreuen sich großer Beliebtheit. Die Vielfalt an Säften ist groß und reicht fruchtmäßig etwa von Wasser- oder Honigmelone über Granatäpfel bis hin zu Orange oder Banane.

Mastaw Ein typisch kurdisches, sehr beliebtes Joghurtgetränk, das vor allem zu Mahlzeiten serviert wird und sehr erfrischend schmeckt. Das aus Joghurt und Wasser gemischte Getränk entspricht im Prinzip Ayran.

Wenn Alkohol, vor allem Bier und Schnaps

Kuwait

Kuwait ist ein überwiegend muslimisches Land. In dieser Bevölkerungsgruppe (74 %) sind Alkoholkonsum und Trinkrituale in der Öffentlichkeit unüblich. Achtung: Verkauf, Konsum und Besitz von Alkohol sind verboten. Wer sich nicht an die Gesetze hält, riskiert harte Strafen.

Beliebte Getränke

Kaffee und Tee In Kuwait kulturell stark verankert ist das Trinken von Kaffee und Tee. Man bevorzugt hier vor allem grünen Tee, Zimttee, aber auch Suleimani-Tee, einen Schwarztee, der mit Gewürzen wie Kardamom, Zimt und Safran gewürzt ist. Kaffee wird in der arabischen Variante zubereitet, also bestehend aus Arabica-Bohnen, häufig gewürzt mit Kardamom und serviert in kleinen Tassen.

Limonaden und Säfte Im heißen Wüstensommer kommen Getränke wie eiskalter Zuckerrohrsaft sehr gelegen. Daneben sind viele weitere Frucht- und Gemüse-Mixe zu kaufen, die meist überaus süß getrunken werden.

Laban Ein in Kuwait beliebtes Getränk, das aus fermentierter Milch oder Joghurt, gemischt mit Mineralwasser und Salz besteht – und das unter verschiedenen Namen in der ganzen Region bekannt ist.

Fī ṣiḥatik (في صحتك / Arabisch) [Fie-Sehattäck]: »Auf die/Deine Gesundheit«

Laos

Es ist wichtig, dass alle etwas zu trinken haben, bevor man anfängt. Bei Festen wird ein Glas beim Trinken häufig geteilt.

Zoo siab (Hmong) [Jschong-Jiäp]: »Auf die Gesundheit«

Vor allem Schnaps, etwas weniger häufig Bier

Beliebte Getränke

Schnaps Nach dem Essen trinkt man häufig entweder Lao Hai oder Lao Lao, die bei der Verdauung helfen sollen. Lao Lao ist ein Whisky auf Basis von Reis, wohingegen Lao Hai ein etwas leichterer Schnaps ist, der von vielen Menschen im Land aus Tonkrügen mit Bambus-Strohhalmen getrunken wird.

Bier Aufgrund von staatlichen Restriktionen und Importzöllen hat der Hersteller der Marke BeerLao einen sehr hohen Marktanteil. Inzwischen darf aber auch der Heineken-Konzern Biere im Land herstellen und verkaufen. Bier wird u. a. auf Basis von Reis gebraut, zum Teil mit schwarzem Reis, wie beim Beer Khao Khum der Fall.

Tee In Laos wird viel Tee hergestellt und auch exportiert. Im Inland besonders beliebt sind grüner und schwarzer Tee. Ein sehr leichter grüner Tee wird in Restaurants kostenlos serviert. Zum Teil werden die Tees auch mit Eis oder Kondensmilch getrunken.

Libanon

Es handelt sich um ein zum Teil muslimisches Land. In dieser Bevölkerungsgruppe (60 %) sind Alkoholkonsum und Trinkrituale in der Öffentlichkeit eher unüblich. Dabei ist man im Land aber nicht allzu streng mit dem Trinken und es gibt kaum Gesetze, die den Konsum einschränken. Insbesondere bei jungen Menschen ist das Trinkverhalten in den vergangenen Jahren stark angestiegen, was allgemein als Problem angesehen wird.

Beliebte Getränke

Erfrischungsgetränke Passend zum heißen Klima des Landes wird gerne und viel Limonade getrunken. Eine beliebte Variante wird frisch aus Zitronen, Orangenblüten und Minze hergestellt. Auch Säfte sind in Fülle vorhanden und auf der Straße werden sie frisch gepresst verkauft. Speziell, aber sehr lecker schmeckt etwa Granatapfelsaft.

Arak Der Anisschnaps wird im Libanon, ebenso wie in anderen Ländern des Nahen Ostens getrunken. Er wird gerne mit Eis gekühlt und Wasser gemischt an heißen Tagen genossen und sieht im Glas weißlich-trüb aus, da der Anis im Arak durch eine chemische Reaktion ausfällt.

Wein Der Libanon ist ein traditionelles Weinland und gilt als Stammland europäischer Weinkultur. Archäologen haben hier 2020 etwa eine 2.600 Jahre alte steinerne Weinverarbeitungsanlage aus dem alten Phönizien entdeckt. Die heute im Land hergestellten Weine haben einen guten Ruf, wobei die meisten aus der Bekaa-Ebene stammen.

Kesak (كاسك / libanesisches Arabisch) [Keesa]: »Prost«

Wenn Alkohol, vor allem Schnaps, dann Bier, dann Wein

Fī ṣiḥatik (في صحتك / Arabisch) [Fie-Sehattäck]:
»Auf die/Deine Gesundheit«

Libyen

Muslimisches Land: Alkoholkonsum und Trinkrituale sind in der Öffentlichkeit eher unüblich. Es gibt zudem strenge Anti-Alkohol-Gesetze. Der Verkauf und Konsum von Alkohol ist verboten. Wer sich nicht an das Gesetz hält, riskiert harte Strafen. Ein trauriger Fakt zum Thema Trinkwasser: Libyen leidet wegen seiner geografischen Lage und mangelnden Niederschlägen unter starkem Trinkwassermangel.

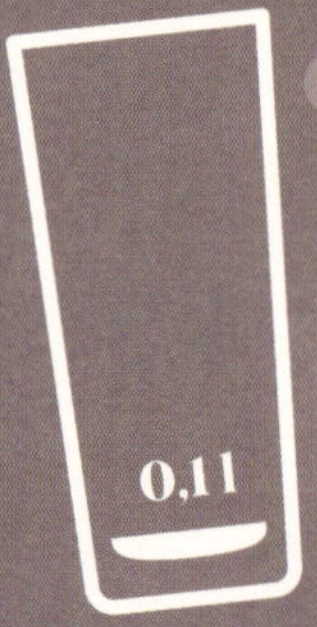

Meist nur alkoholfreies Bier

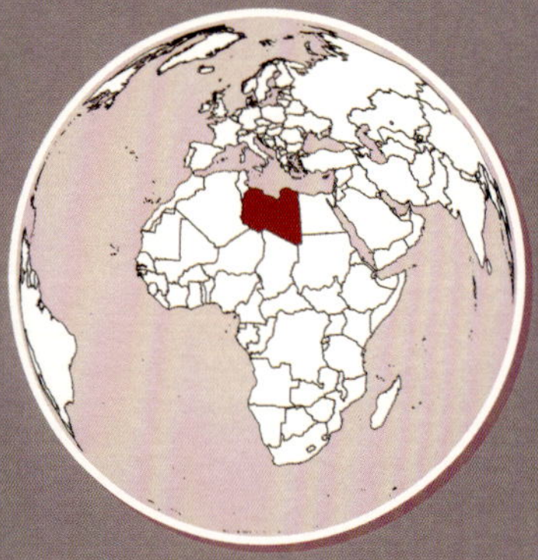

Beliebte Getränke

Tee Auch in Libyen ist Tee ein wichtiges Kulturgetränk, das mehrfach über den Tag hinweg konsumiert wird. Der Tee wird häufig mit Erdnüssen oder Mandeln in der Tasse serviert. In vielen Fällen wird er so zubereitet, dass Schaum oberhalb des Tees entsteht. Beliebt ist etwa Minztee, bestehend aus Spearmint-Blättern und grünem Tee.

Bier In Libyen wird zwar viel Bier getrunken, aber wegen der Religion überwiegend alkoholfreie Sorten. Eine beliebte einheimische Marke heißt Brau Zero. Aufgrund des Alkoholverbots stellen einige Libanesen Bier zu Hause illegal her.

Beliebte Getränke

Yeen Mai Soi Ein beliebtes dickflüssiges Getränk, das man herstellt, indem Gerste in Wasser gekocht wird, bis die Stärke aus dem Getreide in die Flüssigkeit übergegangen ist. Danach wird Zucker hinzugefügt sowie etwas Limettensaft – und dann wird das Getränk mit Eis serviert.

Leong Fun Ein süßes und kalt serviertes *Grass-Jelly*-Getränk, das in Cafés verkauft wird. Der geleeartige Grundstoff wird aus den Strünken und den Blättern der Platostoma-Palustre-Pflanze hergestellt. Die schwarzen, leicht bitter-kräuterigen Geleewürfel werden zusammen mit Wasser oder mit Kondensmilch im Glas serviert.

Kaffee In Malaysia wird Kaffee produziert und ist auch als Getränk sehr beliebt. Er wird meist mit süßer Kondensmilch getrunken, zum Teil auch kalt mit Eiswürfeln, stets aber sehr stark.

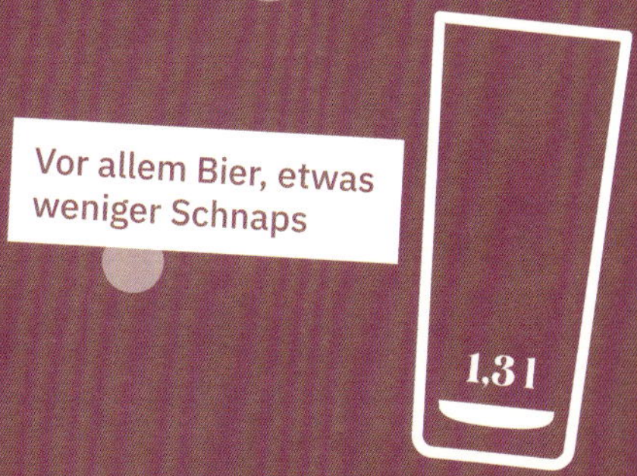

1 **Minum** [Mie-nuhm]: »Trinken«
2 **Yum seng** (飲勝 / Kantonesisch / Chinesisch) [Jamm-Seng]: »Auf den Erfolg trinken!«

Malaysia

Wenn zugeprostet wird, trinken alle zur gleichen Zeit. Sonst sind Toasts in der Öffentlichkeit unüblich, da es sich um ein muslimisches Land handelt. Wenn Muslime beim Essen anwesend sind, werden alkoholische Getränke eher nach dem Essen serviert. Unter den Malaysiern, vor allem den Muslimen (64 % der Bevölkerung), sind Alkoholkonsum und Trinkrituale in der Öffentlichkeit unüblich.

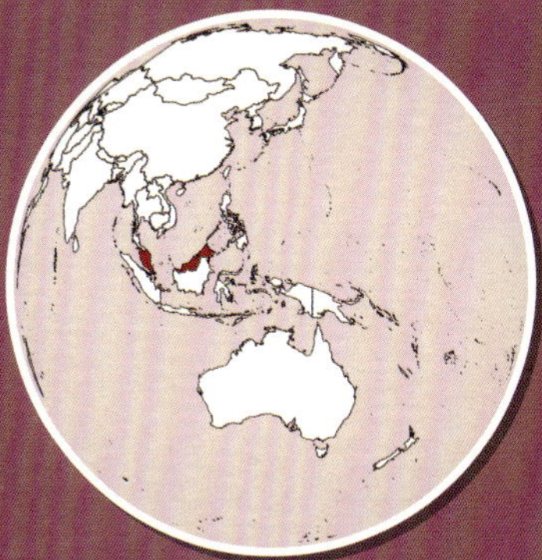

Erjosch Mindin Tuscho (Эрүүл мэндийн төлөө / Mongolisch)
[Erjosch-mindin-tuuschoh]:
»Für die Gesundheit«

Mongolei

Vor allem Schnaps und etwas weniger Bier

Bei Feiern wird vor dem Zuprosten meist eine kurze Rede gehalten. Beim Entgegennehmen von Getränken (und Essen) immer beide Hände verwenden und nie nur die rechte Hand. Nichts grundsätzlich ablehnen, was einem angeboten wird. Bei zu viel Alkohol lieber annehmen und dann nur daran nippen.

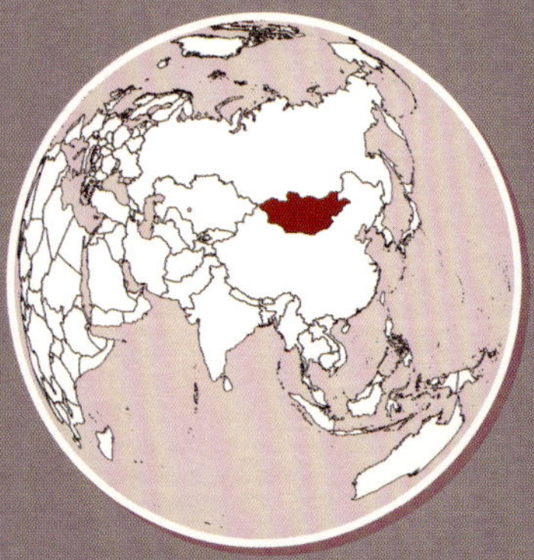

Beliebte Getränke

Airag Das Getränk wird aus vergorener Milch vom Pferd mithilfe von Milchsäurebakterien hergestellt – vergleichbar mit Kefir. Airag enthält etwas Alkohol (unter 2 %) und ist das traditionelle Nationalgetränk des Landes. Es handelt sich im Prinzip um Kumys in anderen Ländern der Region.

Suutei Tsai Ein Tee auf Basis von Schwarz- oder Grüntee, der mit Milch und Salz getrunken wird. Teetrinken gehört in der Mongolei zum sozialen Leben – gerade auch wenn Gäste zugegen sind.

Archi Ein Schnaps, der auf Basis des Milch-Zwischenprodukts Tarag hergestellt wird. Nach dem Destillieren enthält der Schnaps 15 bis 20 % Alkohol. Nachdem Archi im Sommer hergestellt wird, wird er das ganze Jahr über getrunken.

Wodka Wie auch im benachbarten Russland, wird in der Mongolei (zu) viel Wodka getrunken. Wodka ist hier aber kein traditionelles Getränk, sondern wurde durch den russisch dominierten Ostblock ins Land gebracht. Der Schnaps wird in der Mongolei auf der Grundlage von Weizen hergestellt.

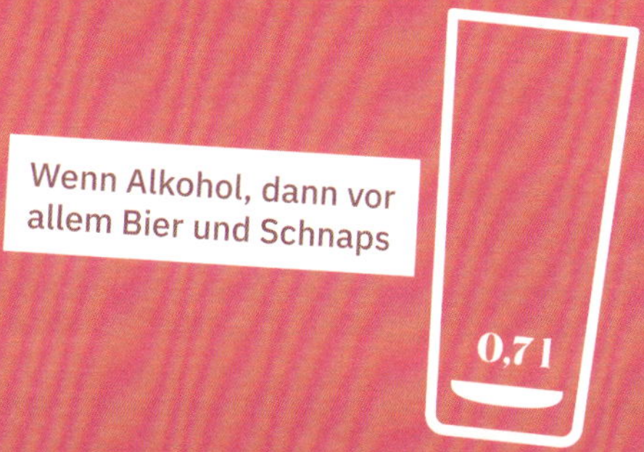

Beliebte Getränke

Tee Gilt in Myanmar als Nationalgetränk, wobei meist grüner Tee aus dem eigenen Land oder aus China getrunken wird, vor allem auch zu Mahlzeiten. Es wird auch schwarzer Tee getrunken und dann meist gesüßt sowie mit Kondensmilch.

Erfrischungsgetränke Palmsaft *(Toddy)* wird insbesondere in ländlichen Gebieten durch das Anritzen von Palmen gewonnen und getrunken. Auch Limonaden werden gerne konsumiert und sind meist sehr süß. Eine weniger süße Variante heißt Lemon Sparkling.

Bier Insgesamt wird in Myanmar wenig Alkohol getrunken, was auch an der regionalen Auslegung des Buddhismus liegt. Wenn, dann werden meist Lagerbiere bevorzugt. Beliebte einheimische Marken sind Myanmar Beer, Mandalay Beer und Dagon Beer. Daneben werden auch ausländische Biere wie Tiger, Heineken oder San Miguel getrunken.

Aung myin par say [Aung-myin-parsej]: »Auf die Gesundheit«

Myanmar

Ehemals Burma

In Myanmar sind *Beer Stations* recht verbreitet. Es handelt sich um Lokale, die sich meist am Straßenrand und unter freiem Himmel befinden. Hier sitzen überwiegend einheimische Männer, die gemeinsam trinken und essen.

1 **Cheers** (चएिर्स / Nepali) [Tschiers]: »Prost«
2 **Svāsthya** (स्वास्थ्य / Nepali) [Swahstia]: »Gesundheit«

Nepal

Nepal hat aufgrund der ethnischen Vielfalt keine einheitliche Trinkkultur. Diese Entscheidung verläuft vor allem entlang der ethnischen Gruppen Tagadhari (Hindus) und Matawali (Buddhisten), während erstere nicht trinken und zweitere dies als Teil ihrer Kultur tun.

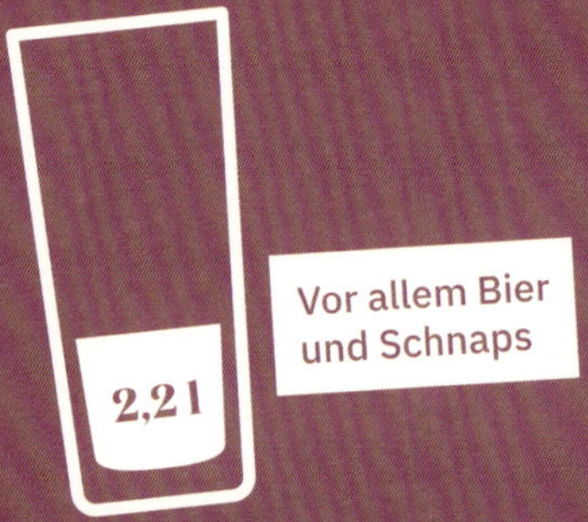

Beliebte Getränke

Aila Ein Getränk mit hohem Alkoholgehalt, das auf Basis von Hirse oder Reis hergestellt und dann destilliert wird – häufig auch privat. Wenn man das Getränk nicht gewohnt ist, riecht es heftig alkoholisch. Aila wird meist schwungvoll, weit vom Glas entfernt eingeschenkt, sodass sich der Alkoholgeruch stark verbreitet.

Raksi Ein klarer Schnaps, der auf der Basis von Reis oder Hirse hergestellt wird – meist privat für den Eigenbedarf. Raksi wird pur getrunken oder für Mixgetränke verwendet.

Chhaang Ein traditionelles, leicht alkoholisches Getränk, das mit Reis hergestellt und bei Zimmertemperatur getrunken wird.

Beliebte Getränke

Tee Das Getränk gehört in Oman zur Alltagskultur und wird Gästen stets angeboten. Der Schwarztee namens Karak ist besonders beliebt und wird mit Zucker, Kondensmilch, Ingwer, Kardamom oder Zimt gekocht.

Kaffee Das Heißgetränk hat eine große Bedeutung in der Kultur des Oman. Kaffee wird häufig zusammen mit Datteln in kleinen Tassen ohne Henkel serviert. Die Kaffeebohnen sind nur leicht geröstet und der Kaffee wird mit Kardamom gewürzt getrunken, manchmal auch mit Rosenwasser. Die Tassen werden immer wieder nachgefüllt, bis man sich dagegen wehrt.

Laban Ein traditionelles Getränk auf Basis von Joghurt, das vor allem zur Zeit des Ramadan getrunken wird. In der arabischen Welt gibt es verschiedene Varianten des Getränks, etwa mit etwas Salz verfeinert. In Oman wird Laban meist ungesalzen getrunken.

Wenn Alkohol, vor allem Bier und Schnaps

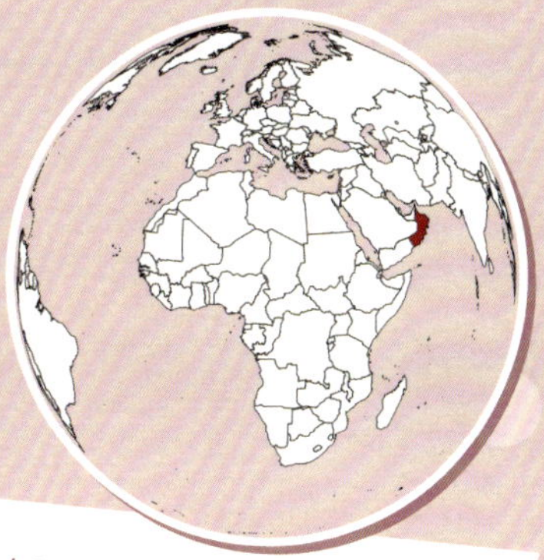

Fī ṣiḥatik (في صحتك / Arabisch) [Fie-Sehattäck]: »auf die/Deine Gesundheit«

Oman

Es handelt sich um ein überwiegend muslimisches Land. Alkoholkonsum und Trinkrituale sind in dieser Bevölkerungsgruppe (86 %) meist unüblich. Im Land wird jedes Jahr die Messe *Food and Hospitality Expo* veranstaltet, auf der die nationalen Getränke und Gerichte für ein breites Publikum präsentiert werden, unter anderem eine traditionelle Kaffee-Zeremonie.

Saúde (Portugiesisch) [Saaudsche]:
»(Auf die) Gesundheit«

Osttimor

Demokratische Republik Timor-Leste

In Osttimor wird statistisch betrachtet pro Kopf nur wenig Alkohol getrunken, wobei die durchschnittliche Menge aber in den letzten Jahren stark angestiegen ist. Nach Berichten über häusliche Gewalt und Gewalt allgemein im Zusammenhang mit Alkoholkonsum hat die Regierung 2022 die Besteuerung auf Alkohol erhöht (aber auch auf zuckerhaltige Getränke und Tabak).

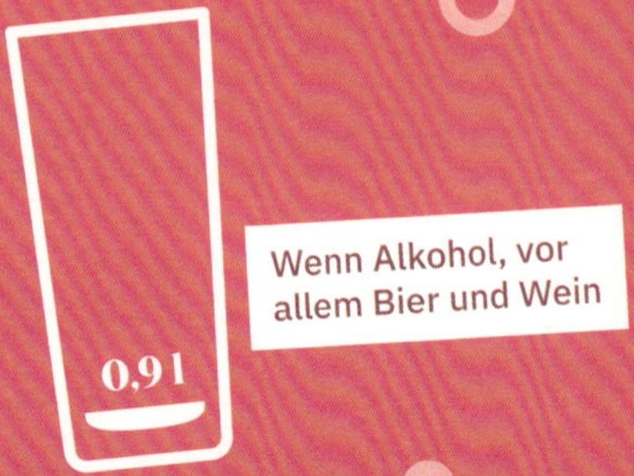

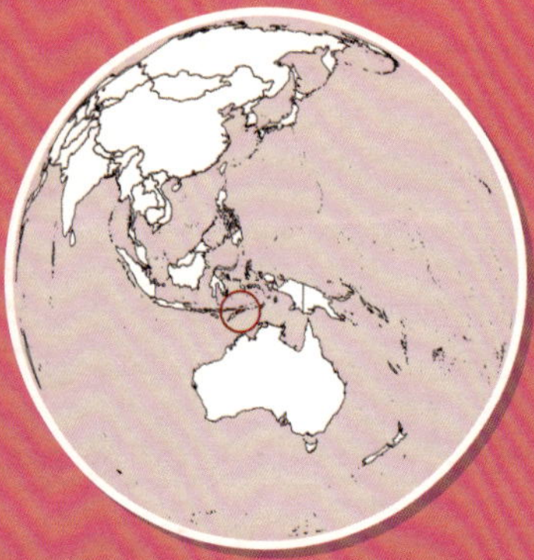

Beliebte Getränke

Kaffee Gilt als Nationalgetränk und ist ein wichtiges Exportgut des Landes. Der Kaffee, der hier getrunken wird, ist in der Regel von der Sorte Arabica, mit einem kräftigen Geschmack. Die meisten Kaffees des Landes werden ohne Pestizide oder Kunstdünger hergestellt.

Bier In Osttimor wird gerne Bier getrunken, aber vor allem ausländische Sorten. Dazu zählen Tiger Beer aus Singapur, aber auch europäische Marken wie Heineken, das auch im Land selber produziert wird, seit Osttimor im 21. Jahrhundert in die Unabhängigkeit entlassen wurde.

Wein Auch Wein wird gerne getrunken – ein Überbleibsel aus der portugiesischen Kolonialzeit. Es dominieren vor allem importierte Weine, weshalb sich die Weinimporte seit Beginn der 2000er-Jahre vervielfacht haben.

Beliebte Getränke

Tee Das Heißgetränk wird von den meisten Menschen des Landes mehrmals am Tag getrunken und zwar in der Regel sehr süß, zum Teil mit Milch und Gewürzen verfeinert. Beliebteste Sorten sind schwarzer und grüner Tee, wobei grüner Tee nicht mit Milch getrunken wird.

Sattu Ein typisches Erfrischungsgetränk in Pakistan, das aus Gerste hergestellt wird. Das Getreide wird dabei vermischt mit Wasser und mit Milch sowie weiteren Zutaten wie Zucker, Fruchtstücken oder Zitrone. Je nach Region variieren die verbreitetsten Versionen des Getränks.

Lassi Ein traditionell beliebtes Getränk in Pakistan, das besonders im Sommer häufig getrunken und in vielen Varianten hergestellt wird. Es besteht aus Joghurt und etwas Zucker oder Salz, Milch, Gewürzen und weiteren Zutaten. Es gibt süße und salzige Ausführungen des Getränks.

Shardai Insbesondere in den ländlichen Regionen des Landes ist dieses Kaltgetränk beliebt. Der Shake besteht aus Mandeln, Milch, Zucker und Pistazien, manchmal auch weiteren Gewürzen. Er gilt als besonders gesund und ist sehr energiereich.

1 **Sanda bashi** [Sända Bäschi]: »Prost«
2 **Ache sehat kay leyae** (اچھی صحت کے لیے / Urdu) [A Tschie sehät gälie]: »Auf die Gesundheit«

Pakistan

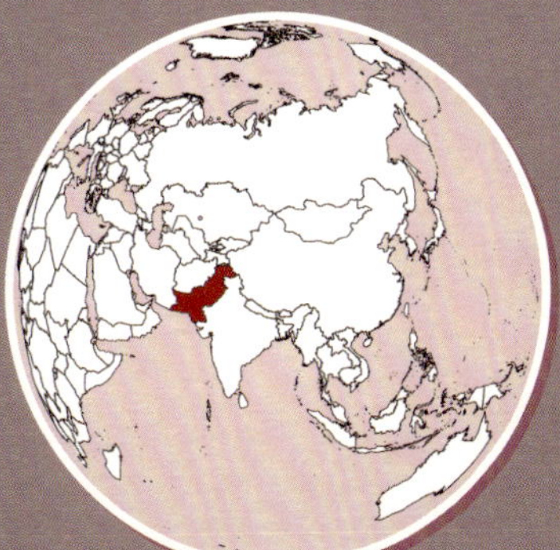

Pakistan ist ein streng muslimisches Land, in dem der Alkoholkonsum für Menschen des muslimischen Glaubens verboten ist; ebenso wie Verkauf und die Herstellung. Der Konsum ist für nicht muslimische Touristen begrenzt erlaubt, wenn der Alkohol in lizenzierten Geschäften erworben oder in internationalen Hotels bestellt wird.

Fī ṣiḥatik (في صحتك / Arabisch) [Fie-Sehattäck]:
»Auf die/Deine Gesundheit«

Palästina

Teilautonome Gemeinschaft

Vor allem Bier und Wein

Es handelt sich um ein muslimisches Land, weshalb der Alkoholkonsum und Trinkrituale in der Öffentlichkeit eigentlich unüblich sind. Allerdings ist man im Palästina zumindest in Teilen vergleichsweise liberal mit Alkohol, vor allem im Westjordanland, wo es jedes Jahr ein Oktoberfest gibt (Westbank Wiesn) – mit alkoholfreiem und normalem Bier.

Beliebte Getränke

Zanjabeel Ein Teegetränk, das aus frischem Ingwer sowie manchmal weiteren Gewürzen zubereitet wird – und dem heilende Wirkungen zugeschrieben werden. Das Getränk ist sehr eng mit der arabischen Kultur verwoben und wurde bereits im Koran erwähnt.

Süßgetränke Selbst gemachte Fruchtsäfte sind weit verbreitet, insbesondere während des Fastenmonats Ramadan. Tamar Hindi wird aus den Früchten des Tamarindenbaums und Ingwer hergestellt. Qamar Deen ist ein Kaltgetränk, das aus Aprikosen hergestellt wird, die in Wasser eingelegt werden. Der Aprikosensud wird dann mit Wasser und Zitronensaft gemischt und getrunken. Beliebt sind auch Rosen- und Minzwasser.

Tee Verschiedene Teesorten sind beliebt in Palästina und das Teetrinken hat einen hohen Stellenwert im Zusammenhang mit sozialer Interaktion. Ein beliebter Tee heißt Helba und besteht aus Bockshornklee. Dieser Tee spielt auch eine wichtige Rolle in der traditionellen Medizin.

* Keine offiziellen Angaben verfügbar

Philippinen

Man trinkt häufig aus demselben Becher oder Glas, das herumgeht. Daher ist ein Anstoßen traditionell eher unüblich. Einheimische Männer und Frauen trinken normalerweise getrennt voneinander.

Vor allem Schnaps, weinartige Getränke und Bier

1. **Cheers** [Tschiers]: »Prost«
2. **Tagay** [Da-gei]: »Prost«
3. **Mabuhay** (Tagalog / formal) [Mah-bu-hai]: »(Auf das) Leben«

Beliebte Getränke

Palmwein Der verbreitete Kokos-Palmwein Tubâ wird aus Palmsaft hergestellt, der beim Anritzen der Zweige von Palmen gewonnen wird. Der Baumsaft wird fermentiert, ist dann leicht alkoholisch und schmeckt säuerlich. Zum Teil wird in einem weiteren Verarbeitungsschritt auch Schnaps aus dem Palmwein gebrannt.

Basi Ein traditionelles, weinartiges Getränk, das aus Zuckerrohrsaft fermentiert wird. Für die Herstellung wird der Saft gekocht und im Anschluss in Gefäßen vergoren, welche in die Erde eingelassen sind. Dann werden weitere, aromatisierende Zutaten hinzugefügt wie Rinde oder Früchte und die Gefäße werden mit Bananenblättern abgedeckt, bis alles fermentiert ist.

Bier Auch Bier ist beliebt auf den Philippinen und verzeichnet seit einigen Jahren ein starkes Wachstum. Insbesondere die Biere der Marke San Miguel werden am häufigsten getrunken, wobei San Miguel auch die größte Brauerei des Landes betreibt.

Russland

Vor allem Schnaps und Bier

Beim Geschäftemachen ist gemeinsames Trinken von essenzieller Bedeutung. Wer Alkohol ablehnt, muss einen sehr guten Grund haben. Männer schenken Frauen ein, die neben ihnen sitzen. Und, ganz wichtig: Man muss Wodka in einem Zug trinken!

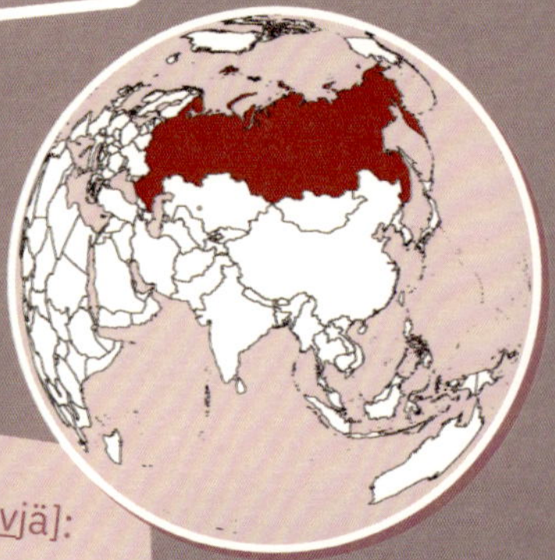

Sa sdarowje (За здоровье / Russisch) [Sas-drovjä]: »Zum Wohl«

Ein Trinkspruch ist obligatorisch und eine Vielzahl von Toasts und Trinksprüchen sind üblich. Man stößt immer auf etwas Bestimmtes an und der Gastgeber beginnt. Man sagt aber eher selten *»Sa sdorowje!«*, sondern man stößt auf jemanden an (auf …), oder man erzählt eine Geschichte beim Anstoßen.

Beliebte Getränke

Wodka Das wichtigste alkoholische Getränk Russlands ist bekanntlich Wodka, mit dem man sich auch kulturell stark identifiziert. Er wird zumeist pur und in großen Mengen getrunken. Sein Konsum macht etwa 70 % des gesamten Alkoholkonsums des Landes aus, wobei Männer sehr viel mehr trinken als Frauen. Meistens wird Wodka während eines langen Essens getrunken und nicht in Gesellschaft zu trinken, ist verpönt. Wodka kann aus Getreide, Kartoffeln oder Abfallprodukten der Zuckerproduktion (Melasse) hergestellt werden.

Rjaschenka Ein weiteres Nationalgetränk, das auf Basis von Milch entsteht, die auf niedriger Hitze acht Stunden lang erhitzt und im Anschluss daran fermentiert bzw. mit Joghurtkulturen versetzt wird. Das säuerlich schmeckende Getränk ist recht beliebt in Russland.

Bier Neben Schnaps wird in Russland auch viel Bier getrunken. Neben russischen Marken findet man auch polnische oder deutsche Biersorten. Die am häufigsten getrunkene Marke heißt Baltika. Insgesamt betrachtet werden sowohl helle als auch dunkle Biere gerne getrunken.

Wenn Alkohol, vor allem Schnaps

Beliebte Getränke

Tee In Saudi-Arabien wird viel Tee getrunken, meist schwarzer Tee, der stark gesüßt ist. Tee wird trotz der hohen Temperaturen heiß getrunken, wodurch der Körper mehr schwitzt und unterm Strich besser abkühlt als beim Trinken von Eistee. Teetrinken hat in Saudi-Arabien auch eine hohe soziale Bedeutung, vor allem bei der Bewirtung von Gästen oder Freunden.

Qamar Ad-Din Ein nicht alkoholisches Erfrischungsgetränk, das auf Grundlage von getrockneten Aprikosen hergestellt wird und eine dickflüssige Konsistenz hat. Es wird vor allem zur Zeit des Ramadan getrunken.

Kaffee Ein überaus beliebtes Heißgetränk im Land, wobei meist Arabicabohnen verwendet werden, die nicht so stark geröstet sind und eine goldbraune Farbe haben. Kaffee wird in der Regel ungefiltert und ungesüßt getrunken, manchmal verfeinert mit Kardamom. Wenn man eine Tasse ausgetrunken hat, wird einem meist automatisch nachgeschenkt.

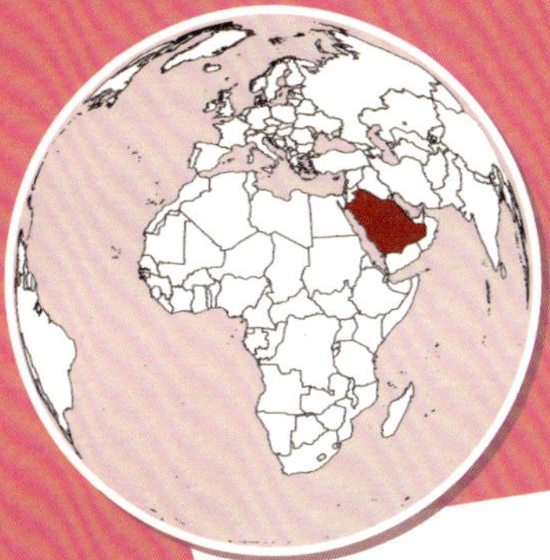

Fī ṣiḥatik (في صحتك / Arabisch) [Fie-Sehattäck oder Fie-Sähattika]: »Auf die/Deine Gesundheit«

Saudi-Arabien

Trinkrituale sind wegen der Religion und Kultur eher unüblich. Es handelt sich um ein streng muslimisches Land, weshalb vor allem der Alkoholkonsum in der Öffentlichkeit, aber auch der Verkauf und die Herstellung streng verboten sind. Ebenso ist der Import von Alkohol durch Reisende nicht erlaubt. Wer sich nicht an diese Gesetze hält, riskiert drakonische Strafen.

Singapur

Es gibt keine wirkliche Regel für das Zuprosten oder Anstoßen, dafür aber feste Zeiten: Alkohol darf in der Öffentlichkeit nicht nach 22:30 Uhr (und vor 7:00 Uhr) konsumiert werden und ist für asiatische Verhältnisse sehr teuer.

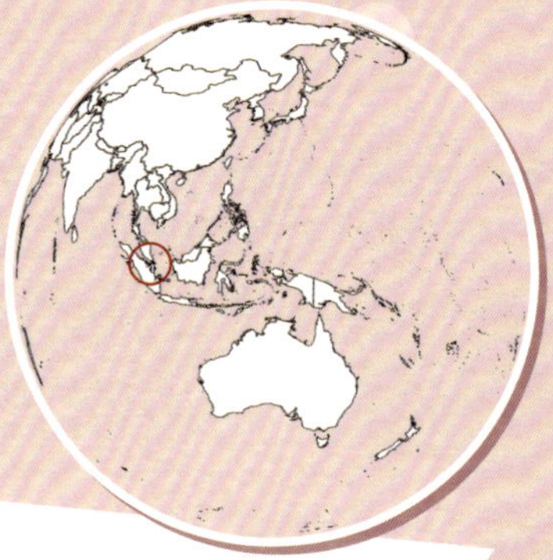

1. **Yum seng** (飲勝 / Kantonesisch / Chinesisch) [Jamm-Seng]: »Auf den Erfolg trinken!«
2. **Cheers** [Tschiers]: »Prost«

Vor allem Bier, Apfelwein und Schnaps

Beliebte Getränke

Bier In Singapur hat Bier keine sehr lange Tradition, wird aber immerhin seit den 1930er-Jahren gebraut. Die beliebteste Marke stammt aus Singapur selber und heißt Tiger Beer. Die Zutaten für die Herstellung von Tiger werden überwiegend aus Europa importiert. Daneben werden aber auch Importbiere wie das niederländische Heineken getrunken. Man feiert ein Mal im Jahr ein Bier-Festival, das Beerfest Asia, bei dem Hersteller ihre Produkte zum Probieren ausstellen können.

Grass Jelly Eine Art Gelee, das in verschiedenen Erscheinungsformen getrunken bzw. gegessen wird. Die Geleeklumpen werden hierbei zusammen mit Zucker in ein Getränk gemischt, bestehend zum Beispiel aus kalter Sojamilch. Getränke mit *Grass Jelly* sind auch unter der Bezeichnung Bubble Tea bekannt, insbesondere dann, wenn die Geleestücke rund sind.

Bandung Ein beliebtes Erfrischungs-Mixgetränk in Singapur, das aus Kondensmilch, gemischt mit Rosensirup und einer beträchtlichen Menge an Zucker besteht. Es hat eine blendend flamingo-pinke Farbe.

Sri Lanka

In Sri Lanka wird vor allem in den ärmeren Bevölkerungsteilen viel Alkohol getrunken. Grundsätzlich besteht die Einschränkung, dass während der buddhistischen Poya-Zeit, also an Tagen des Vollmonds, Alkohol traditionell nicht ausgeschenkt und verkauft werden darf. Außerdem dürfen alkoholische Getränke nicht auf öffentlichen Plätzen oder in Parks getrunken werden.

Beliebte Getränke

Tee Sri Lanka ist einer der größten Tee-Exporteure weltweit und es wird vor allem Ceylon-Schwarztee angebaut und exportiert. Tee, der im 19. Jahrhundert von den Briten eingeführt wurde, hat auch im Land selber eine hohe Bedeutung. Für das Empfinden der meisten Mitteleuropäer trinkt man den Tee extrem süß.

Toddy und Arrack Toddy ist ein leicht alkoholisches Getränk mit rund 4 % Alkohol, das aus fermentierten Palmsaft hergestellt und ähnlich wie Bier getrunken wird. Aus Toddy wird in Sri Lanka auch der Schnaps Arrack destilliert.

Kokosmilch In Sri Lanka wachsen viele Kokospalmen und so ist es wenig verwunderlich, dass auch Kokosmilch ein gängiges Getränk ist. Die Kokosnuss ist zudem insgesamt wichtig im Land, vor allem für die Küche und die Medizin.

1 **Zijars** (சியர்ஸ் / Tamil) [Tschiers]: »Prost«
2 **Seiradewa** (Sinhala) [Sa-dewa]: »Prost«

Überwiegend Schnaps, weniger Bier

Fī ṣiḥatik (في صحتك / Arabisch)
[Fie-Sehattäck oder Fie-Sähattika]:
»Auf die/Deine Gesundheit«

Syrien

Es gibt kein besonderes Trinkritual, da es sich um ein muslimisches Land handelt (83 %). In dieser Bevölkerungsgruppe ist der Alkoholkonsum in der Öffentlichkeit eher unüblich. Syrien leidet unter einem zunehmenden Wasser- und Trinkwassermangel aufgrund der geografischen Lage, des Klimawandels und des andauernden Bürgerkriegs. Häufig müssen Menschen einen großen Teil ihres Gehalts für frisches Wasser ausgeben.

Beliebte Getränke

Tee und Kaffee Teetrinken gehört fest zum Tagesablauf in Syrien. Der Tee wird meist überaus süß getrunken, was für Mitteleuropäer in der Menge etwas übertrieben wirken kann. Kaffee wird eher mit Gästen als etwas Besonderes getrunken, schmeckt sehr kräftig und wird in kleinen Tassen serviert, meist gewürzt mit Kardamom.

Säfte Fruchtsäfte und Frucht-Shakes sind sehr verbreitet in Syrien und werden etwa an Straßenständen angeboten. Die Früchte werden frisch gepresst und die Auswahl an exotischen Früchten und Fruchtkombinationen ist sehr groß.

Arak Der ungesüßte Anisschnaps gilt trotz der überwiegend muslimischen Bevölkerung als Nationalgetränk. Arak wird aus Wein destilliert und im Anschluss mit Anis aromatisiert. Er wird meist mit Wasser verdünnt sowie mit Eis getrunken und ist so zubereitet ein sehr erfrischendes Sommergetränk.

Wenn Alkohol, vor allem Wein und Bier

Baroi Salomat (Барои Саломати / Tadschikisch)
[Baroi-salomat]: »Auf die Gesundheit«

Tadschikistan

Es wird gerne mit Wodka angestoßen, was ein Überbleibsel aus Sowjetzeiten ist. Man kann sich zuprosten, wenn man mit lokalen Menschen gemeinsam isst und trinkt. Es handelt sich zwar um ein muslimisches Land und Alkoholkonsum ist in der Öffentlichkeit eher unüblich. Wenn Leute Alkohol trinken, wird das allgemein aber als wenig kritisch gesehen.

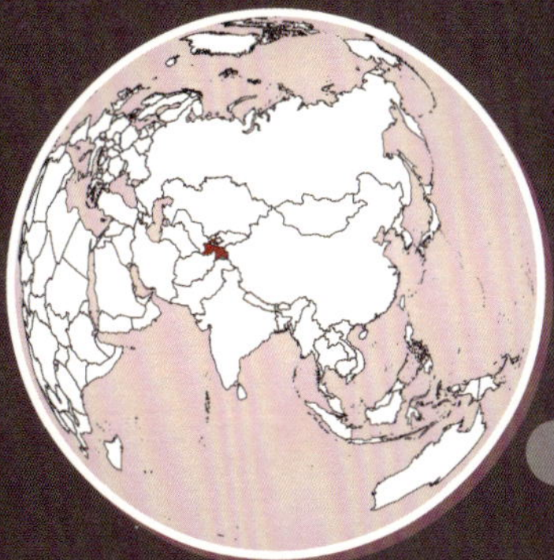

Beliebte Getränke

Tee Das beliebteste Getränk des Landes, wobei vor allem grüner Tee getrunken wird. Man trinkt Tee normalerweise ohne Zucker aus kleinen Tassen ohne Henkel – sowohl zu als auch zwischen Mahlzeiten – oder gemeinsam mit Gästen. Darüber hinaus sind Teehäuser wichtige soziale Treffpunkte in Tadschikistan.

Kefir Ein joghurtartiges Getränk, das aus Kuh-, Ziegen- oder Schafsmilch hergestellt und das häufig zum Frühstück getrunken wird. Kefir ist sehr gesund, besonders für die Verdauung.

Sherbets Süße Fruchtgetränke mit einer dicken Konsistenz, die in Tadschikistan sehr gerne getrunken werden. Etwa in den Varianten Zitrone, Erdbeere, Kirsche oder Aprikose. Häufig werden sie bei Festen und besonderen Anlässen serviert.

Beliebte Getränke

Bier Bei alkoholischen Getränken wird in Taiwan recht viel Bier getrunken. Die beliebteste Marke des Landes ist das einheimische Taiwan Beer, das ganz leicht süßlich schmeckt. Neben regulärem Bier sind auch verschiedene Biermix-Varianten mit Früchten wie Lychee, Ananas oder Mango verfügbar.

Kaoliang Ein beliebter Schnaps in Taiwan, der aus Hirse hergestellt wird und zwischen 40 und 60 % Alkohol enthält. Grundlage für die Herstellung ist die Hirse-Art Mohrenhirse, die mit Hefe und Schimmelkulturen angereichert, vergoren und im Anschluss destilliert wird.

Reiswein Ein traditionelles Getränk, das in verschiedenen Varianten hergestellt und das vor allem in der Küche des Landes verwendet wird. Reiswein enthält je nachdem etwa fünf bis 20 % Alkohol und ist in der Farbe blassgelb bis braun. Durch das Herstellungsverfahren des Fermentierens von Reis ist dieser Wein technisch betrachtet eher ein Bier.

Taiwan

Das Glas wird in der rechten Hand gehalten, die linke Hand liegt als Unterstützung darunter. Das Glas wird hochgehalten, um sich Zuzuprosten und dann noch mal, nachdem man den ersten Schluck genommen hat. In der Regel muss zusätzlich mit allen Anwesenden einzeln angestoßen werden.

Gān bēi (干杯 / Mandarin) [Ganbeiy]:
»Auf ein leeres Glas / Auf ex!«

1 **Chon gâew** (ชนแก้ว / Thai / informell) [Chon-Gauo]: »Gläser zusammenstoßen«
2 **Chái yó** (ไชโย / Thai / formell) [Chai-joh]: »Hurra«

Thailand

Beim Trinken wird mit den Gläsern angestoßen. Generell wird der Konsum von Alkohol in Thailand vergleichsweise liberal gehandhabt, ist aber an öffentlichen Plätzen, Parks, religiösen Stätten; vor allem aber an buddhistischen Feiertagen und während politischer Wahlen (!) offiziell verboten.

Vor allem Schnaps und Bier

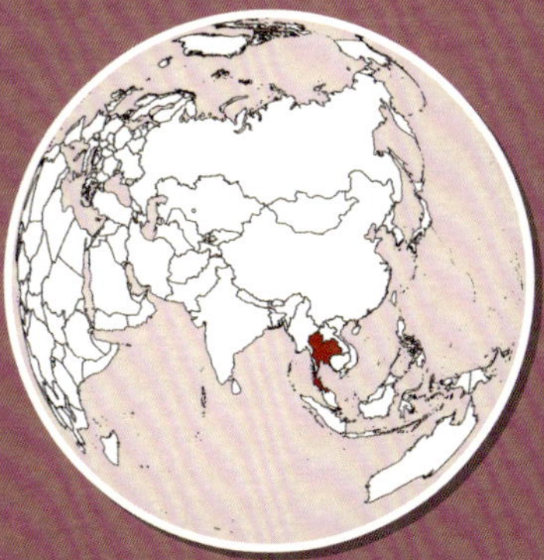

Beliebte Getränke

Cha Yen Ein häufig sehr süßer Eistee, der in Thailand gerne getrunken wird. Das milchig-orange Getränk wird auf Basis von Schwarztee hergestellt, der mit Kondensmilch und Orangensaft vermischt und mit Eis serviert wird.

Krachae Ein traditionelles, leicht alkoholisches Getränk, das aus dem Saft von Kokos-Blüten oder den Blüten der Palmyrapalme, vermischt mit geräucherten Sägespänen und Zucker hergestellt wird. Das fertige Getränk wird in mehreren Stufen produziert, wobei der erste Teil am kräftigsten und die weiteren »Chargen« dann weniger intensiv schmecken.

Bier In Thailand wird viel Bier getrunken, wobei die beliebtesten Marken Singha, und Chang sind. Auch importierte Biere werden getrunken, diese sind aber aufgrund von Importzöllen recht teuer.

2,0 l

Vor allem Bier und Schnaps

1 Şerefe [Tschereffe]: »Auf die/Deine Ehre«
2 Sağlığına [Soanmöna]: »Auf Deine Gesundheit«

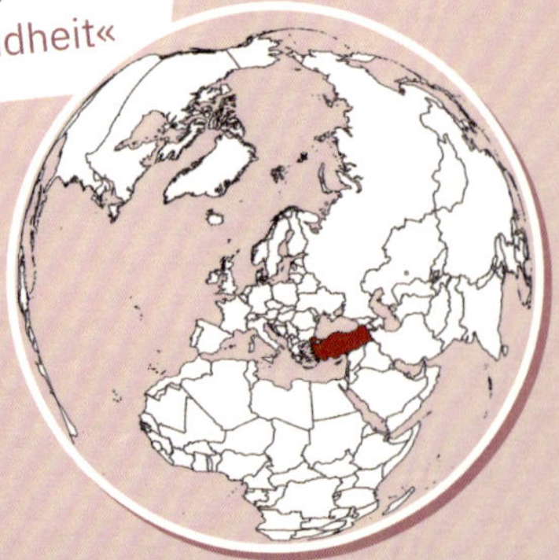

Türkei

Die Türkei ist ein muslimisches Land und der Alkoholkonsum in der Öffentlichkeit zum Teil unüblich. Alkoholische Getränke können von volljährigen Personen aber gekauft werden. In den vergangenen Jahren wurden mit der Erdoğan-Regierung viele Regeln bezüglich des Alkoholkonsums und -verkaufs erheblich verschärft, weshalb von manchen von einem Kulturkampf gesprochen wurde. Zu den umstrittenen Verboten gehört seit 2013 das Trinken auf öffentlichen Plätzen und Parks.

Beliebte Getränke

Rakı Ein Anisschnaps, der traditionell gekühlt oder mit Eis getrunken wird – und zwar verdünnt mit Wasser. Rakı entspricht im Prinzip dem griechischen Ouzo und wird auch aus den Resten der Weinherstellung (aus Trester) destilliert.

Kaffee und Tee In der Türkei wird viel Tee getrunken, insbesondere Schwarz- und Apfeltee. Das Teetrinken gehört zur Alltagskultur und hat einen sozialen Charakter, wobei es häufig geschlechtergetrennt abläuft. Auch Kaffee ist beliebt, wird sehr fein gemahlen und meist ungefiltert in der Tasse selber zubereitet.

Ayran Ein häufig konsumiertes, erfrischendes Joghurtgetränk. Es wird aus Joghurt, Wasser und etwas Salz gemischt. Ayran wird häufig zu deftigem Essen getrunken, da es den Magen beruhigt. Je nach Region wird Ayran etwas weniger oder mehr dickflüssig zubereitet.

Beliebte Getränke

Tee Ein sehr wichtiges Getränk im Land, wobei vor allem grüner Tee über das gesamte Jahr hinweg getrunken wird. Schwarzer Tee wird auch getrunken, allerdings eher im Winter und dann mit Kamelmilch gemischt. Tee wird häufig in traditionellen Teekannen zubereitet.

Milchgetränke Ein sehr beliebtes, joghurtartiges Getränk auf Basis von Milch heißt Süzmeçal. Es ist sehr erfrischend und wird im Sommer getrunken. Ein weiteres Erfrischungsgetränk heißt Schubat bzw. Chal und besteht aus fermentierter Kamelmilch. Da das Getränk schlecht zu lagern und leicht verderblich ist, wird es eigentlich nur in der Region getrunken.

Sherbet Erfrischende alkoholfreie Fruchtcocktails, die aus verschiedenen Früchten wie Pflaumen oder Kirschen zusammen mit Gewürzen zubereitet werden. Die Zutaten werden zusammen in Wasser eingekocht.

Vor allem Schnaps, Wein und etwas weniger Bier

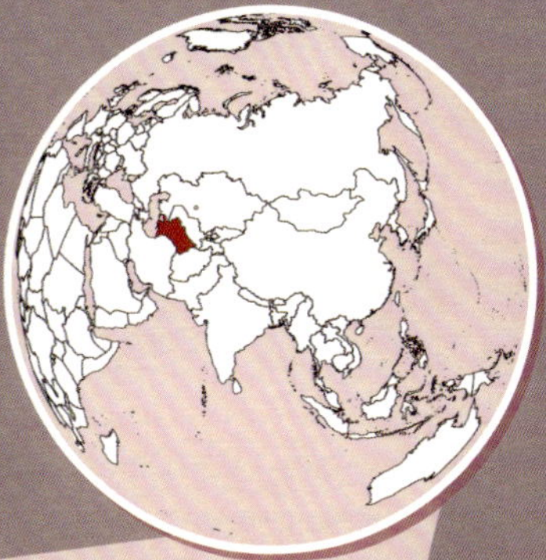

Saglygyňyz üçin [Saglingiz-Uchin]: »Auf Deine Gesundheit«

Turkmenistan

Überwiegend muslimisches Land. Alkoholkonsum und Trinkrituale sind in dieser Bevölkerungsgruppe (93 %) zum Teil unüblich. Die Alkoholgesetze im Land waren im Nachgang der Zugehörigkeit zur UdSSR (bis 1991) und der Unterdrückung der Religion vergleichsweise liberal. Sie wurden jedoch in den vergangenen Jahren offiziell aus Gründen der Gesundheit verschärft.

1 **Oldik** [Olldiek]: »Prost«
2 **Sog'lik uchun** [Sorruligetschn]: »Auf die Gesundheit«

Vor allem Schnaps, auch Bier

Usbekistan

Usbekistan ist ein muslimisches Land, der Alkoholkonsum aber dennoch verbreitet, aufgrund des starken russischen Einflusses und der jahrzehntelangen Zugehörigkeit zum Ostblock. Man könnte sagen, der Einfluss der russischen Kultur ist hier stärker als die Religion. Allerdings gibt es auch Restaurants, die *»halal«* sind im Land und die keinen Alkohol servieren.

Beliebte Getränke

Wodka In Usbekistan wird viel Wodka getrunken, vor allem während des Essens. Man kann ihn in allen möglichen Varianten kaufen. Eine besonders beliebte usbekische Wodka-Marke heißt Ice Diamond.

Tee Ein wichtiges Getränk im usbekischen Alltag, das den Tag über getrunken wird, ob zu Hause, unterwegs oder bei der Arbeit. Im Winter wird mehr schwarzer Tee getrunken und im Sommer eher grüner Tee. Traditionell wird der Tee erst eingeschenkt und dann symbolisch mehrfach zwischen Kanne und Tasse hin- und hergegossen. Tee sollte auf jeden Fall mit der rechten Hand getrunken werden, da die linke Hand als unrein gilt.

Ayran Das Joghurtgetränk wird meist im Sommer gekühlt und/oder mit Eis getrunken. Es wird neben Joghurt mit Wasser und etwas Salz zubereitet und ist im Laden auch in einer Variante mit Kohlensäure versetzt erhältlich.

Beliebte Getränke

Laban Wie im gesamten Nahen Osten ist das Getränk auch in den Emiraten beliebt. Es handelt sich um ein Joghurtgetränk, das bereits seit der Antike hergestellt und getrunken wird. Häufig wird Laban mit etwas Salz verfeinert und/oder mit Minze zusätzlich aromatisiert. Es wird bei hohen Temperaturen gerne auch mit Eiswürfeln serviert.

Kamelmilch Ein traditionelles Getränk in den Vereinigten Arabischen Emiraten. Aufgrund der besseren Angepasstheit der Kamele an Wüstenbedingungen ist die Herstellung von Kamelmilch in diesen Gegenden deutlich ökologischer als das Halten von Kühen. Kamelmilch ist sehr nahrhaft und so konnten sich in der Vergangenheit etwa Kamelhirten über lange Zeiträume ausschließlich von der Milch ihrer Tiere ernähren und in der Wüste überleben.

Vereinigte Arabische Emirate

Fī ṣiḥatik (في صحتك / Arabisch)
[Fie-Sehattäck oder Fie-Sähattika]:
»Auf die/Deine Gesundheit«

Es handelt sich um ein überwiegend muslimisches Land. In dieser Bevölkerungsgruppe (67 %) sind Alkoholkonsum und Trinkrituale in der Öffentlichkeit unüblich. Für den Alkoholverkauf und Alkoholkonsum bestehen strenge Gesetze und Einschränkungen. In Sharja ist Alkohol generell verboten. Der Konsum ist nur in privaten Räumlichkeiten erlaubt, wenn man eine offizielle Genehmigung hat und nicht muslimisch ist. Auf Alkoholvergehen stehen Gefängnisstrafen.

1 **Một hai ba vô** (Vietnamesisch) [Mohei-Bahjoh]: »Eins, zwei, drei, jo!«
2 **Một trăm phần trăm** (Vietnamesisch) [Moh-Tjam-phan-tjam]: »Auf ex«

Vietnam

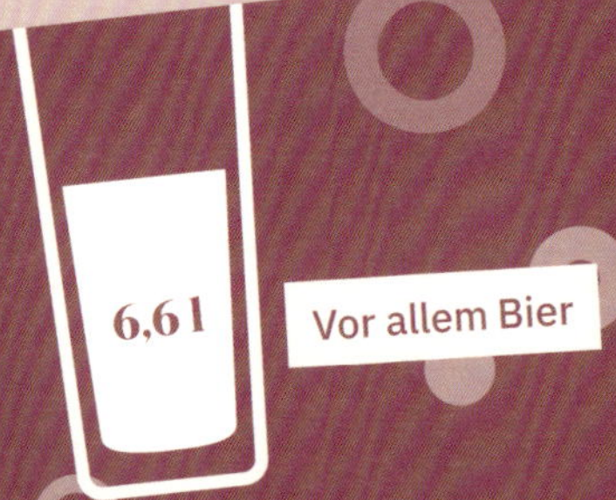

Der Gastgeber soll mit dem Zuprosten beginnen, wobei meist nur mit Hochprozentigem angestoßen wird. Beim Zuprosten wird das Glas gehoben. Wenn ein Fremder der Gastgeber ist, soll der höchstgestellte anwesende Vietnamese den Trinkspruch sprechen. Schnaps muss »auf ex« ausgetrunken werden.

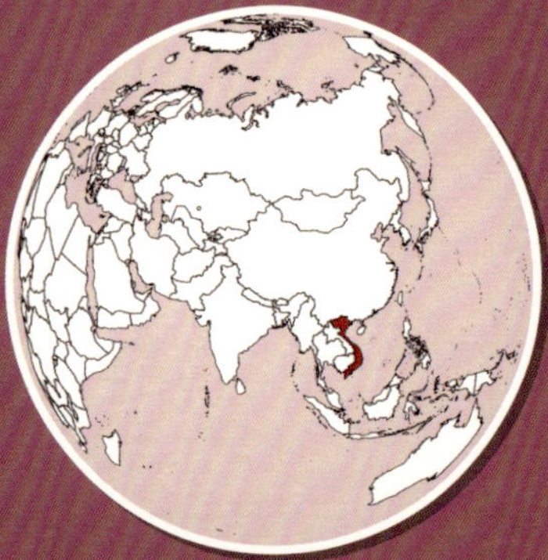

Beliebte Getränke

Bier Vietnamesen trinken viel Bier. Meist handelt es sich um helle Lager- oder Pilsbiere mit einem kräftig hopfigen Geschmack. Die am weitesten verbreiteten Marken sind Saigon, Bia Hà Nôi, 33 und Tiger (aus Singapur). Die Biere schmecken nach deutschem Geschmacksempfinden in der Regel sehr gut und erfrischend, was gerade bei tropischen Temperaturen nicht ganz unwichtig ist.

Kaffee In Vietnam wird viel Kaffee getrunken und das Land ist weltweit nach Brasilien der zweitgrößte Hersteller von Kaffeebohnen. Der Kaffee wird meist in einem kleinen Filter auf der Tasse zubereitet und ähnelt geschmacklich Espresso. Man trinkt den Kaffee auch häufig mit süßlicher Kondensmilch und mit Eiswürfeln.

Schlangen-Schnaps An vielen Orten sind in Vietnam große Glasgefäße mit eingelegten Schlangen oder anderen Tieren zu sehen. Ihnen werden wundersame Wirkungen zugeschrieben. Aus Artenschutzgründen sollte man sie nicht kaufen oder trinken.

Säfte Weit verbreitet ist das Trinken von gepresstem Zuckerrohr-Saft, der eine Art »Öko-Limonade« darstellt. Aber auch das Trinken des Kokosnusswassers noch grüner Kokosnüsse ist verbreitet. Des Weiteren werden gerne Smoothies und Fruchtshakes getrunken.

Kleinstaaten und kleine Inseln:

Indischer Ozean & Südasien

Cheers [Tschiers]: »Prost«

Bhutan, Kleinstaat in Südasien | 0,7 l

Malediven, Inselstaat im Indischen Ozean | 1,2 l

Palau, Insel im Pazifik in Südostasien | 7,9 l

Santé [Sontee]: »(Auf die) Gesundheit«

Mauritius, Insel im Indischen Ozean | 3,6 l

1 **Cheers** [Tschiers]: »Prost«
2 **Santé** [Sontee]: »(Auf die) Gesundheit«

Seychellen, Inselstaat im Indischen Ozean | 5,6 l

Afrika

Afrika ist ein sehr vielfältiger Kontinent. Grob kann man ihn in das durch Wüste geprägte Nordafrika, einen subtropischen bis tropischen Zentralteil südlich der Sahara und in das südliche Afrika unterteilen. Die kulturellen Unterschiede sind teils sehr groß, auch aufgrund der kolonialen Geschichte, die vieles von den ursprünglich vorhandenen Kulturen durcheinandergebracht oder zerstört hat. Durch den Kolonialismus besteht auch heute noch ein großer europäischer Einfluss, was Trinkverhalten und -kulturen angeht.

Nordafrika ist geprägt von einer arabisch-muslimischen Kultur und damit von Alkoholverboten in vielen der Länder. In einigen durch die französische Kolonialherrschaft beeinflussten Ländern wie Algerien bestehen leichte Abweichungen von der Alkoholabstinenz. So hat das Land eine Weinkultur (allerdings schon seit der Antike). Auch im Senegal wird Wein getrunken, heute aber eher importiert als angebaut. Eine entspanntere, weil nicht durch Religion eingeschränkte Weinkultur pflegt man auf dem Kontinent sonst eigentlich nur in Südafrika, wo der europäische Kultureinfluss (an dieser Stelle mal positiv) noch deutlich zu erkennen ist.

Im Maghreb und Nordafrika insgesamt ist Bier verbreitet, wenn auch alkoholfreies. Wie in den anderen arabischen Ländern hat Tee in Nordafrika einen hohen Stellenwert. Aber auch südlich der Sahara, wobei die verbreiteten Tee-Arten häufig auf Basis lokaler Pflanzen und Gewürze hergestellt werden. Importierten Schwarztee findet man eher in Nordafrika, Rooibos-Tee in Südafrika und Hibiskus-Tee in vielen tropischen und subtropischen Teilen des Kontinents. In Äthiopien ist Kaffee von höchster kultureller Wichtigkeit, wobei er im Rahmen ausgeprägter Rituale getrunken wird.

In den nichtmuslimischen Teilen des Kontinents wird teils sehr viel Alkohol getrunken, häufig auch selbst gebrauter. Bier wird in Afrika häufig nicht klassisch wie in Mitteleuropa hergestellt, sondern in vielen Regionen aus allen möglichen Wurzeln und Früchten. In zentralafrikanischen Ländern ist Bananenbier weit verbreitet und auch Maisbiere kommen auf dem Kontinent vielfach vor. Letztere haben teilweise eine fast breiartige Konsistenz. Weitere vergorene Getränke werden auf Grundlage von Wurzeln wie Maniok und Ingwer, Getreide wie Hirse – oder aus Tamarindenschoten hergestellt.

Die Herstellung solcher fermentierter Getränke zu sehr niedrigen Kosten ist ein guter Zuverdienst in armen Regionen. Wegen der zum Teil schlechten Bedingungen bei der Herstellung alkoholischer Getränke zu Hause, kommt es immer wieder zu Todesfällen, zum Beispiel bei vergorenen Getränken des Marula-Baumes. Aber auch beim lokal und privat hergestellten Waragi-Schnaps (in Uganda).

In Afrika findet man unter den angebotenen Pils- und Lagerbieren häufig europäische Marken, vor allem aus den Niederlanden, Belgien, Deutschland und Großbritannien. In Namibia ist beispielsweise eine deutsche Bier-Trinkkultur als Überbleibsel der Gewaltherrschaft des »Deutsch-Südwestafrika« geblieben – auch mit der Übernahme des deutschen Reinheitsgebots.

In einigen Teilen Afrikas spielen rund ums Trinken auch ganz grundlegende Probleme eine Rolle: In Regionen mit nicht funktionierenden Wasserleitungen, muss Trinkwasser auf der Straße gekauft werden, häufig eingeschweißt in kleine Plastikbeutelchen.

Im südlichen Afrika wird Wasser in einigen Gebieten auch aufbereitet, indem es mit Reis so lange gekocht wird, bis der am Rand angebrannte Reis die Flüssigkeit bräunlich verfärbt hat. Auch im südlichen Afrika sind kalorienreiche Getränke verbreitet, zum Beispiel Mahewu oder Milch und Sauermilchgetränke, gewissermaßen als Grundnahrungsmittel.

Letenachin (ለጤናችን / Amharisch) [Lät-inatschin]: »(Auf unsere) Gesundheit«

Äthiopien

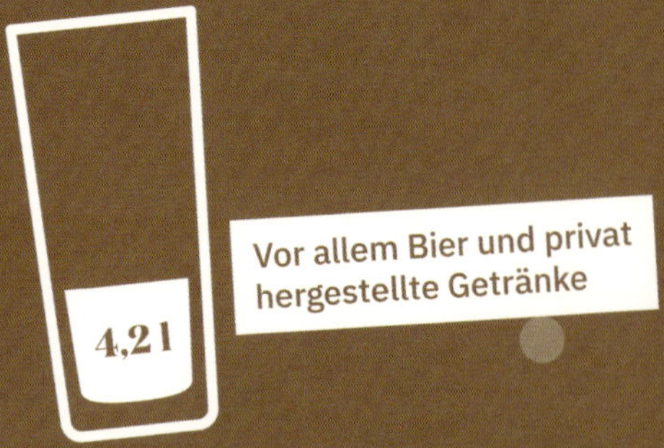

Äthiopien ist zum Teil ein muslimisches Land. In dieser Bevölkerungsgruppe (34 %) ist der Alkoholkonsum unüblich – zumindest in der Öffentlichkeit. Der Alkoholkonsum hängt neben der Religion hier auch stark mit dem Geschlecht zusammen. Wie in den meisten Ländern trinken Männer deutlich mehr als Frauen und ärmere Menschen mehr als wohlhabendere.

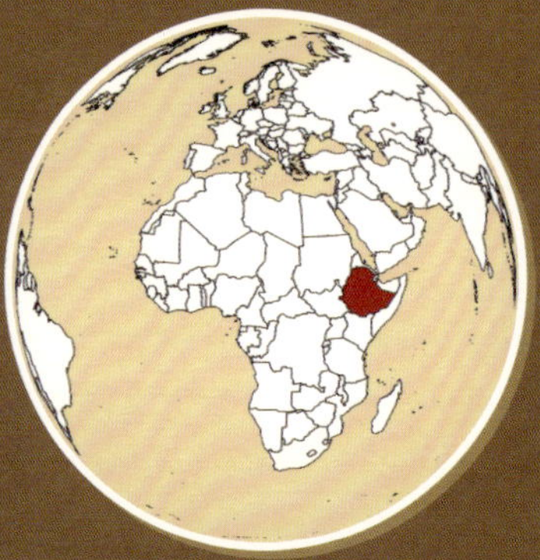

Beliebte Getränke

Tej In Äthiopien stellen viele Leute Honigwein (Met) mit dem Namen Tej zu Hause her. Die Zutaten sind Honig, Wasser und Stängel des Faulbaums. Tej hat eine große kulturhistorische Bedeutung in Äthiopien und wird seit Jahrhunderten hergestellt. Vor dem 20. Jahrhundert war Tej den Herrschern vorbehalten und entwickelte sich erst dann zu einem normalen Getränk für die Bevölkerung.

Bier und Tella Bier ist sehr beliebt in Äthiopien und es gibt viele Hersteller und Marken. Am beliebtesten und zugleich am ältesten ist die Marke St. George Beer, die nach dem Schutzheiligen des Landes benannt ist. In den letzten Jahren hat der Heineken-Konzern viele lokale Biermarken aufgekauft. Neben regulärem Bier wird auch Tella getrunken. Es handelt sich um ein Bier, das aus Hirse, Gerste und Gewürzen, auch meist privat hergestellt wird.

Kaffee Das in Äthiopien viel getrunkene Heißgetränk wird frisch geröstet aufgebrüht und aus einer speziellen Kanne ausgeschenkt. Kaffeetrinken ist ein soziales Event und geht mit einer Zeremonie vonstatten. Kaffee wird in Äthiopien in großem Maßstab angebaut und ist das wichtigste Exportgut des Landes.

Beliebte Getränke

Bier Das beliebteste Bier in Ägypten heißt Stella und wird von einem im Land ansässigen Hersteller gebraut. Aus religiösen Gründen wird in der Regel alkoholfreies Bier getrunken.

Tee Es wird meist Schwarztee mit etwas Minze versetzt getrunken, häufig zusammen mit Milch, Zitrone und Zucker. In einer traditionelleren Machart wird der Tee nicht aufgebrüht, sondern zusammen mit Zucker gekocht, was den Tee sehr kräftig werden lässt. Auch Tee aus Malvenblüten wird häufig getrunken, dieser allerdings in einer Eistee-Variante.

Erfrischungsgetränke Leckere Fruchtsäfte sind überall im Land erhältlich, auch etwa am Straßenrand. Beliebt sind frisch hergestellte Fruchtshakes, die mit Eis oder zusätzlich Zucker versetzt, direkt gepresst und zusammengestellt werden. Beliebte Geschmacksrichtungen sind Mango, Erdbeere, Orange oder Banane. Eine beliebte, sehr süße Limonade heißt Asiir lamoon. Auch das kalt servierte Hibiskus-Getränk Karkadeh wird gerne getrunken.

Fī ṣiḥatik (في صحتك / Arabisch) [Fie-Sehattäck oder Fie-Sähattika]: »Auf die/Deine Gesundheit«

Wenn Alkohol, vor allem Bier und Schnaps

Ägypten

Es handelt sich mit Ausnahme einer christlichen Minderheit um ein muslimisches Land und Alkoholkonsum und Trinkrituale sind in der Öffentlichkeit damit unüblich. Der Verkauf von Alkohol zur Zeit des Ramadan an Einheimische ist zudem streng verboten. Allerdings waren im alten Ägypten Wein und Bier verbreitet und integraler Teil von Alltag und Religion. Heute ist die Situation etwas widersprüchlich und insgeheim trinken auch einige Moslems im Land, wenngleich Alkohol offiziell eher verpönt ist.

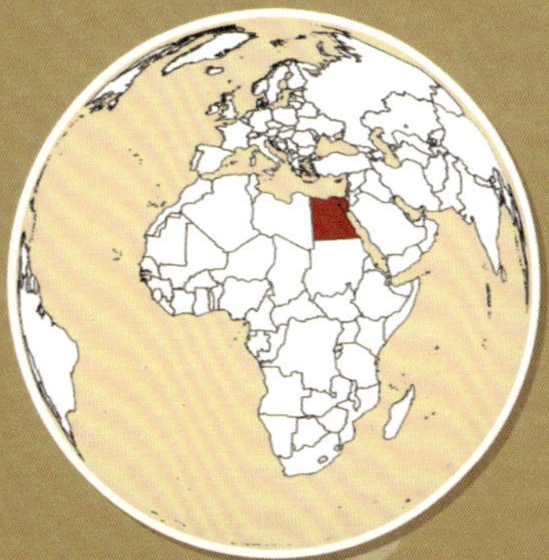

Wenn Alkohol, vor allem Bier und etwas weniger häufig Wein

Fī ṣiḥatik (في صحتك / Arabisch)
[Fie-Sehattäck oder Fie-Sähattika]:
»Auf die/Deine Gesundheit«

Algerien

Algerien ist ein muslimisches Land: Alkoholkonsum und Trinkrituale sind eher unüblich oder finden daher nicht öffentlich statt. Die meisten Restaurants servieren keine alkoholischen Getränke und zur Zeit des Ramadan ist der Verkauf von Alkohol generell verboten. Außerdem darf kein Alkohol auf öffentlichen Plätzen und außerhalb von privaten Räumen, Restaurants, Hotels oder Bars getrunken werden.

Beliebte Getränke

Wein Historisch betrachtet war Algerien ein wichtiges Weinland in der Antike seit den Phöniziern und den alten Griechen. Die Bedeutung des Landes ging aufgrund der islamischen Religion danach zurück. Seit der französischen Kolonialzeit wird wieder mehr Wein im Land hergestellt. Heute werden überwiegend alte Rebsorten angebaut, meist in Kooperativen.

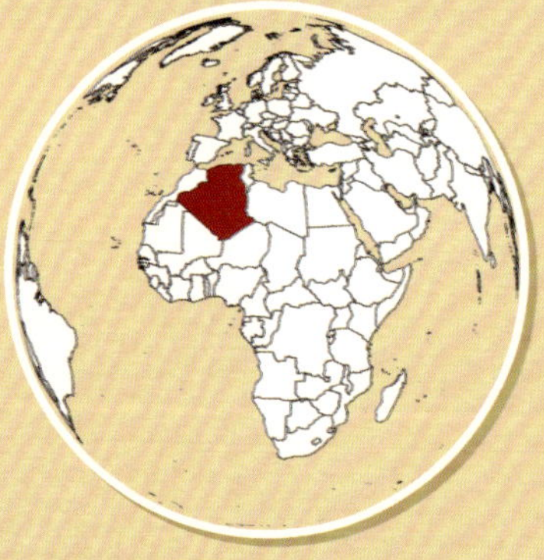

Mazagran Eine typisch algerische, süße Kaffeevariante, die kalt getrunken wird. Je nach Machart wird Mazagran mit Eiswürfeln und Rum, manchmal auch mit Zitrone serviert. Das Getränk wird wahlweise auf Basis von normalem Kaffee oder von Espresso gekocht und aus speziellen länglich-schmalen Gläsern getrunken. Mazagran ist auch in anderen Ländern beliebt, vor allem in Portugal, Spanien oder Österreich.

Beliebte Getränke

Bier Bei alkoholischen Getränken wird in Angola überwiegend Bier getrunken. Die beliebteste Biermarke heißt Cuca, wobei auch das portugiesische Sagres gerne getrunken wird. Insgesamt werden Lagerbiere bevorzugt getrunken.

Erfrischungsgetränke Als Erstes wäre hier das Getränk Kissângua zu nennen – ein traditionelles Getränk, das aus Maismehl hergestellt wird, manchmal ergänzt durch die Zugabe von Fruchtsaft, wie Ananas. Des Weiteren ist eine große Vielfalt von Säften und Saft-Mischungen verfügbar. Die Limonadengetränke der Marke Blue erfreuen sich großer Beliebtheit und sind in zehn Geschmacksvarianten verfügbar, überwiegend mit Aromen tropischer Früchte.

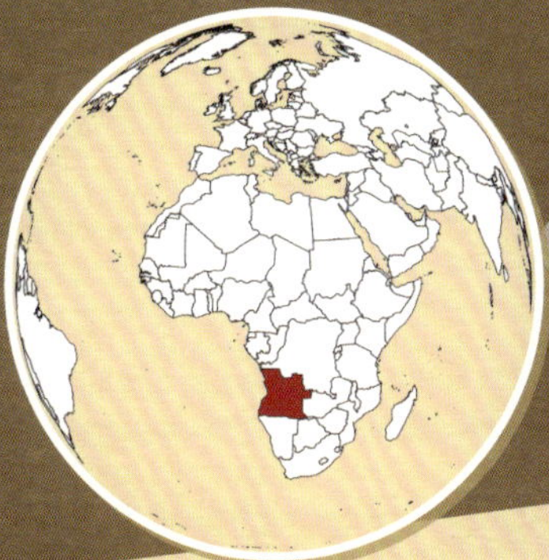

Saúde (Portugiesisch) [Saaudsche]: »(Auf die) Gesundheit«

Angola

Alkohol hat in Angola eine etwas bittere Geschichte, da er eng mit der Zeit des Sklavenhandels im 18. und 19. Jahrhundert verbunden ist. In dieser Zeit als portugiesische Kolonie waren importierte alkoholische Getränke ein Zahlungsmittel, mit dem etwa ein Drittel der aus Angola stammenden Sklaven abgekauft und dann nach Amerika verschifft wurden.

Ganz überwiegend Bier, weniger Schnaps und Wein

1 **Santé** [Sontee]: »(Auf die) Gesundheit«
2 **Salud** [Saluud]: »(Auf die) Gesundheit«

Äquatorialguinea

In Äquatorialguinea wird relativ viel Alkohol getrunken, wobei sich der Konsum im Land seit Anfang der 2000er-Jahre etwa verdoppelt hat (gleichzeitig mit einem starken Wirtschaftswachstum). Wasser aus der Leitung kann im Land nicht getrunken werden, hier ist die Verwendung von verschlossenem Flaschenwasser wichtig.

Vor allem Bier, weniger Wein

Beliebte Getränke

Malamba Ein fermentiertes alkoholisches Getränk, das aus Zuckerrohr hergestellt und mit Gewürzen verfeinert wird. Die Gewürze, die in ihrer Zusammensetzung von der Region abhängen, werden nach dem Fermentieren hinzugegeben. Dazu gehören Zimt, Muskat – oder Früchte. Malamba gibt es sehr günstig zu kaufen, ist aber nicht immer von hoher Qualität.

Osang Ein typisch afrikanischer Tee, der ein wichtiges Getränk in Guinea ist. Osang wird auf Grundlage von Schwarztee 10 Minuten zusammen mit Milch erhitzt und süß getrunken.

Benin

Santé [Sontee]:
»(Auf die) Gesundheit«

2,1 l

Überwiegend Bier, weniger Schnaps und Wein

Gastfreundschaft ist ein wichtiges Merkmal der Kultur in Benin. In diesem Zuge wird einem als Gast immer Trinken und Essen angeboten. Es gilt dabei als unhöflich, das Angebotene abzulehnen. Die linke Hand gilt als dreckig und darf beim Essen und Trinken oder beim Herüberreichen etwa am Tisch nicht verwendet werden!

Beliebte Getränke

Bier Das beliebteste und preisgünstigste Bier des Landes heißt La Béninoise. Etwas teurer sind Biere der Marken Castel oder Togolese Beer. Im Allgemeinen werden Lagerbiere bevorzugt getrunken. Im Norden des Landes ist zudem die Bierart Tchouk verbreitet, die auf Basis von Hirse hergestellt wird.

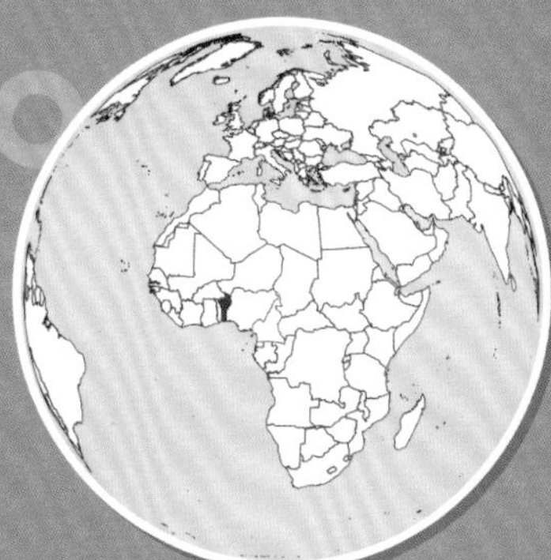

Sodabi Ein in Benin häufig getrunkener Schnaps, der aus fermentiertem Palmsaft hergestellt und mit Kräutern aromatisiert wird. Sowohl in sozialen als auch in spirituellen Kontexten ist das Getränk wichtig, man kann es aber auch auf der Straße oder in Bars trinken.

Tchapalo Dieses Getränk besteht aus einem fermentierten Mais-Sud, der zusammen mit Zitronengras (Lemongras) in Holzfässern entsteht. Dies verleiht dem Getränk ein besonderes Aroma. Das durch das Fermentieren leicht alkoholische Tchapalo wird kalt getrunken und kann unter anderem an Straßenständen gekauft werden.

1 **Pula** [Puhllah]: »Lass es regnen« (Das Wort ist ebenfalls eine Begrüßung und der Name der Währung des Landes.)

2 **Pholo e ntle** (Setswana)*: »Prost«

Botswana

Überwiegend Bier und etwas weniger privat hergestellte Getränke und Wein

Das sehr häufige gemeinsame Trinken alkoholischer Getränke in der Öffentlichkeit ist Teil der normalen Alltagskultur in Botswana. Allerdings wird exzessiver Alkoholkonsum auch als wesentlicher Grund für sozioökonomische Problemlagen, Armut, Unfälle und die Verbreitung von Infektionskrankheiten wie HIV im Land gesehen.

* Keine Informationen zur Aussprache bekannt, am besten vor Ort erfragen.

Beliebte Getränke

Bier In Botswana wird häufig Bier auf Grundlage von Hirsemalz hergestellt, wodurch es eine bernsteinartige Farbe hat. Besonders verbreitet bei regulären Bieren ist die Marke St. Louis Lager (ein helles Lager). Etwas weniger verbreitet ist das Pilsbier Hansa Pilsener aus Namibia.

Ingwerbier Es handelt sich um ein alkoholfreies traditionelles Erfrischungsgetränk, das häufig privat hergestellt und sowohl im Alltag als auch auf Festen wie Hochzeiten getrunken wird. Die Hauptzutat besteht aus zerkleinertem Ingwer, gemischt mit Weinsäure und Zucker. Manchmal sind auch weitere Aromen oder Säfte zugesetzt, wie etwa von Ananas oder Orangen.

Milchsäurevergorene Getränke
Oshikundu ist ein nahrhaftes, leicht alkoholisches traditionelles Getränk, das aus fermentierter Sorghum-Hirse und Perlhirse hergestellt wird. Omaere ist ein fermentiertes Sauermilchgetränk aus Kuh- oder Ziegenmilch. Es wird direkt getrunken oder zum Kochen und Backen verwendet.

6,8 l

Überwiegend privat hergestellte Getränke und Bier

Beliebte Getränke

Bier Am weitesten verbreitet sind die Marken Bakina, So.B.Bra und Flag, die vom französischen Unternehmen Castel hergestellt werden. Im Zuge der Craft-Bier-Mode verbreiten sich inzwischen auch lokale Biersorten oder andere Sorten neben Lager-Varianten stärker – so wie Porter- und Pale-Ale-Biere.

Bissap Ein kaltes Teegetränk aus Hibiskusblättern, das mit Zucker gesüßt getrunken wird, manchmal ergänzt durch Minze oder Ingwer. Das dunkelrote Getränk wird häufig an Straßenständen verkauft, gilt als überaus erfrischend und hat geschmacklich eine beerig-fruchtige Note.

Zoom Koom Ein erfrischendes Getränk, das in verschiedenen Varianten auf Basis der Indischen Dattel (Tamarinde) hergestellt wird. Weitere Zutaten sind etwa Hirsemehl, Ingwer, Zucker und Ananas. Die Indischen Datteln werden zusammen mit den anderen Zutaten gekocht und das Getränk wird kalt serviert.

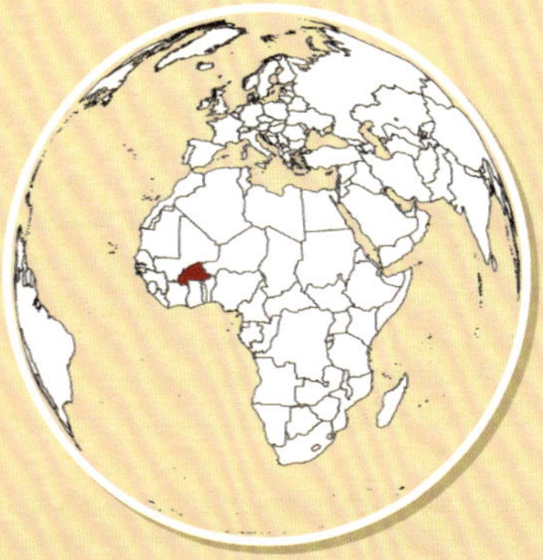

Santé [Sontee]: »(Auf die) Gesundheit«

Burkina Faso

Zum Teil ist Burkina Faso zwar ein muslimisches Land (61 % der Bevölkerung), dennoch ist der Alkoholkonsum weit verbreitet. Inoffiziell wird von viel höherem Konsum als von der WHO offiziell angegeben ausgegangen und dieser wirkt sich stark negativ auf die durchschnittliche Lebenserwartung aus. Die Regierung des Landes vernichtete daher beispielsweise 300.000 Liter illegal hergestellten Schnaps 2020 demonstrativ.

1 **Ku buzima bwacu (Kirundi)** [Kuh-buhzehmah bua-kuh]: »(Auf die) Gesundheit«
2 **Santé** [Sontee]: »(Auf die) Gesundheit«

Burundi

Der Alkoholkonsum pro Kopf ist nach einigen Quellen deutlich höher als entsprechend der hier zitierten WHO-Zahlen – und wird als Gefahr für die Gesundheit der Bevölkerung angesehen. Wenn man bei Gästen zu Besuch ist, sollten die Gläser vor dem Gehen am Schluss nie ganz ausgetrunken werden.

Überwiegend privat hergestellte Getränke und Bier

Beliebte Getränke

Impeke In Burundi wird Bier häufig aus Hirse gebraut und heißt dann »Impeke«. Das Getränk wird im Rahmen von Zeremonien mit einem Strohhalm aus einem ausgehöhlten Kürbis getrunken. Dadurch werden der Zusammenhalt und die Freundschaft der Beteiligten demonstriert.

Urwarwa Beliebt in Burundi ist auch Bananenbier, das aus reifen Bananen, zum Teil in einfachen Erdlöchern in Heimarbeit gebraut wird. Meist wird es zu zeremoniellen Anlässen getrunken.

Milch Als vitamin- und kalorienreiches Getränk wird Milch in Burundi als besonders wichtig erachtet, und zwar weil sie der im Land weit verbreiteten Mangelernährung entgegenwirkt. Es wird meist Kuhmilch getrunken.

Beliebte Getränke

Bier Das verbreitetste Bier im Land ist die nordfranzösische Marke Kronenbourg. Generell zieht man in Dschibuti europäisches Bier afrikanischen Marken vor, was sicherlich auch mit der Kolonialzeit zusammenhängt.

Kath/Qat Das stimulierende bis berauschende Getränk ist sehr beliebt in der gesamten Region Ostafrikas und wird meist zum Mittagessen getrunken. Kath wird auf Basis der Zweigspitzen und jungen Blätter des Kathstrauchs hergestellt und hat eine anregende Wirkung. Die Pflanze wird etwa im Jemen in großem Maßstab angebaut, was große Mengen von Wasser verbraucht und zu ökologischen Problemen führt.

1 **Santé** [Sontee]: »(Auf die) Gesundheit«
2 **Fī ṣiḥatik** (في صحتك / Arabisch) [Fie-Sehattäck oder Fie-Sähattika]: »Auf die/Deine Gesundheit«

Dschibuti

Dschibuti ist ein muslimisches Land: Alkoholkonsum und Trinkrituale sind in der Öffentlichkeit unüblich. In den 1960er- und 1970er-Jahren war das Land deutlich liberaler, was Alkohol betrifft und es wurde unter den Einheimischen deutlich mehr getrunken, vor allem Wein und Bier. Heute ist es verboten, in der Öffentlichkeit, außerhalb von Bars und Restaurants zu trinken. Wer in der Öffentlichkeit betrunken ist, riskiert eine Gefängnisstrafe.

Wenn Alkohol, vor allem Schnaps, weniger Bier und Wein

Santé [Sontee]: »(Auf die) Gesundheit«

Elfenbeinküste

Zum Teil handelt es sich um ein muslimisches Land (40 % der Bevölkerung) und der Alkoholkonsum und Trinkrituale sind also in Teilen der Gesellschaft unüblich. Insgesamt wird aber viel getrunken, weshalb die Regierung in den vergangenen Jahren die Gesetze bezüglich des Imports und der Produktion von Alkohol verschärft hat; offiziell aus Gesundheitsgründen.

Überwiegend Bier und privat hergestellte Getränke

Beliebte Getränke

Palmwein Palmwein wird auf Basis vom Saft der angeritzten Zweige des Palmbaums hergestellt. Das Getränk ist milchig in der Farbe und schmeckt leicht bitter und süß. Es wird traditionell häufig in den Dörfern der Elfenbeinküste hergestellt. Aus diesem Palmwein wird zum Teil auch der Schnaps Koutoukou gebrannt.

Bier Beliebteste Biermarken sind Flag, Castel und Bock Solibra. Seit Beginn dieses Jahrhunderts wird zudem auch viel Bier importiert, wobei Heineken einen hohen Marktanteil im Land hat und seit einigen Jahren in neue Fabriken vor Ort investiert. Das auch beliebte Bier Tchapalo wird aus Hirse hergestellt.

Bissap Wie in vielen Ländern Westafrikas ist auch an der Elfenbeinküste das erfrischende Getränk Bissap beliebt. Es wird aus den getrockneten Blüten der Hibiskuspflanze hergestellt und kalt getrunken.

Beliebte Getränke

Bier In Eritrea wird recht viel Bier getrunken und die meist getrunkene Marke heißt Golden Star. Es gibt im Land nur eine einzige große Brauerei; die staatlich betriebene Asmara Brewery. Interessanterweise wird der Hopfen für die Bierherstellung aus Deutschland importiert. Aus anderen Ländern importiertes Bier ist im Vergleich recht teuer.

Tej Ein Honigwein (Met), der überall in Eritrea gebraut und getrunken wird. Das Getränk wird auch häufig privat hergestellt und variiert im Geschmack und im Alkoholgehalt. Je nachdem, wie lange Tej fermentiert wurde, ist er süßer oder weniger süß.

1 **Chris** [Kschwiss]: »Prost«
2 **Ntienana** (ንጥዕናና / Tigrinya) [Nätoh-anana]: »Auf die Gesundheit«
3 **Fī ṣiḥatik** (في صحتك / Arabisch) [Fie-Sehattäck oder Fie-Sähattika]: »Auf die/Deine Gesundheit«

Eritrea

Zum Teil muslimisches Land. In dieser Bevölkerungsgruppe (ca. 45 %) ist Alkoholkonsum zum Teil unüblich – zumindest in der Öffentlichkeit. Auf der nicht alkoholischen Seite wird gemeinsam mit Gästen häufig eine Kaffee-Zeremonie gefeiert, im Rahmen derer die Kaffeebohnen direkt vor dem Trinken in einer offenen Pfanne geröstet werden.

Wenn Alkohol, dann vor allem Bier und etwas weniger privat hergestellte Getränke

Cheers [Tschiers]: »Prost«

Eswatini

Ehemals Swasiland

5,7 l

Überwiegend privat hergestellte Getränke und Bier, etwas weniger Wein

Der tatsächliche Alkoholkonsum im Land wird entgegen der offiziellen Zahlen als deutlich höher geschätzt. Insbesondere häufiger Alkoholkonsum bei Jugendlichen wird als Problem gesehen. Als Grund für diese Problematik werden unter anderem kulturelle Aspekte gesehen. Etwa in der Form, dass Lieder oder Sprichwörter traditionell eine euphemistische Haltung gegenüber Alkoholismus und Drogenabhängigkeit ausdrücken.

Beliebte Getränke

Buganu Es handelt sich um ein lokales, privat gebrautes Getränk, das aus den Früchten des Marula-Baums durch Vergärung hergestellt wird. Von den Behörden wird die Herstellung und Verbreitung des Getränks bekämpft, da sein Konsum zu vielen Unfällen und Gewaltverbrechen im Land beitrage.

Bier Das Getränk ist beliebt in Eswatini, vor allem Sibebe Premium Lager, das nach dem bekannten 1.378 Meter hohen Fels benannt ist. Die drei Milliarden Jahre alte Gesteinserhebung ist nach dem australischen Ayers Rock die zweithöchste dieser Art.

Mahewu Ein Getränk, das eher eine ganze Mahlzeit als nur ein Getränk ist. Das matschartige Gebräu wird auf Grundlage von fermentiertem Mais- oder Hirsebrei und einer Reihe weiterer, individuell gewählter Zutaten hergestellt, häufig privat in einfachen Plastikgefäßen. Nach dem Fermentieren über einige Tage bekommt das Getränk einen säuerlichen Geschmack.

Santé [Sontee]: »(Auf die) Gesundheit«

Gabun

In Gabun wird relativ viel Alkohol getrunken, wobei der Alkoholkonsum pro Kopf seit den 1970er- und 1980er-Jahren aber deutlich zurückgegangen ist. Ein gewisser Zusammenhang wird hier zur steigenden Wirtschaftsleistung des Landes bestehen, die sich seither pro Kopf mehr als verdoppelt hat (vor allem wegen der Förderung und dem Export von Erdöl).

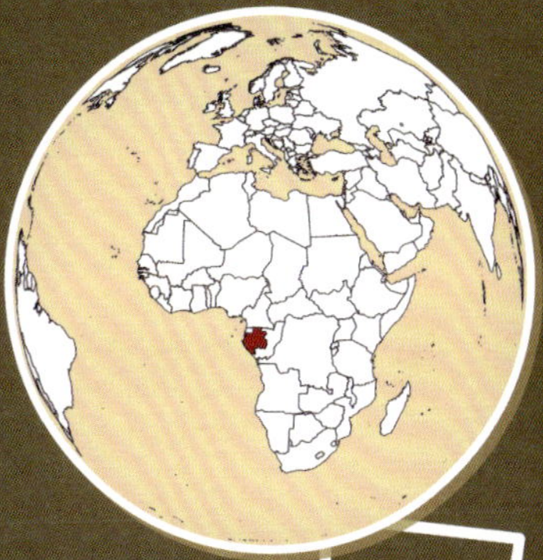

Überwiegend Bier, weniger Schnaps und Wein

Beliebte Getränke

Bier und Hirsebier Das am weitesten verbreitete Bier in Gabun heißt Régab. Es handelt sich um ein Lager, das seit 1966 hergestellt wird. Verschiedene traditionelle Biere werden auch auf Basis von Hirse gebraut, die als Ersatz für Gerstenmalz eingesetzt wird. Verpackt im Laden gekauftes Hirsebier gärt nach und ist daher mit einem Ventil für den Überdruck versehen.

Bananenwein Das Getränk hat eine lange Tradition und eine hohe Bedeutung im Land – aber auch in Zentralafrika insgesamt. Im Gegensatz zu Bananenbier ist Bananenwein vor allem in rituellen Zusammenhängen relevant. Die Produktion des Weines findet in der Regel in einem kleinen Maßstab privat und nicht industriell statt.

Cheers [Tschiers]: »Prost«

Vor allem privat hergestellte Getränke und Bier

Gambia

Gambia ist ein muslimisches Land. In dieser Bevölkerungsgruppe sind Alkoholkonsum und Trinkrituale in der Öffentlichkeit unüblich. Allerdings wird für ein muslimisches Land vergleichsweise viel getrunken, auch da diejenigen, die Alkohol zu sich nehmen, dies recht intensiv tun. Zudem bestehen nur wenig Restriktionen für Alkohol (z. B. ein Werbeverbot im Fernsehen).

Beliebte Getränke

Bier In Gambia ist Bier ein beliebtes alkoholisches Getränk, wobei die einheimische Marke Julbrew besonders häufig getrunken wird. Weiterhin werden aber auch europäische Standardbiere verkauft.

Ingwerbier Das lokale Erfrischungsgetränk wird aus Ingwer hergestellt, der mit viel Zucker vermischt getrunken wird. Ingwerbier schmeckt sehr stark und kann auch scharf sein. Es ist im Prinzip eine Art natürlich schmeckendes Ginger Ale.

Tee Besonders beliebt ist der süße Ataya-Tee, der aus grünem Tee besteht. Ursprünglich stammt das Getränk aus der arabischen Kultur. Der Tee wird in kleinen Emaillekannen recht lange gekocht und mit einigem Abstand zur Tasse eingeschenkt. Durch das Hin- und Herkippen des Tees zwischen zwei Gefäßen wird der Tee schaumig und kühlt etwas ab.

Ghana

Cheers [Tschiers]: »Prost«

Traditonell bedanken sich Gäste für ein überreichtes Getränk entsprechend der indigenen Akan-Kultur mit dem Wort *»Medaase«* (»Danke« in der Sprache Twi). Außerdem wird etwas vom Getränk den Vorfahren geopfert (vor dem Trinken weggeschüttet).

Überwiegend privat hergestellte Getränke und Bier

Beliebte Getränke

Akpeteshie Ein weit verbreiteter Schnaps in Ghana, der als Nationalgetränk gilt. Akpeteshie wird meist privat hergestellt und Grundstoffe sind entweder Palmwein oder Zuckerrohrsaft. Der Schnaps enthält 40–50 % Alkohol.

Nsafufuo Es handelt sich um einen Palmwein, der aus dem Saft des Palmbaums hergestellt wird. Nsafufuo gibt es in süßeren und saureren Varianten.

Bier In Ghana trinkt man gerne Bier und die beliebtesten Biermarken heißen Star und Club Premium Lager. Recht beliebt ist auch die neuere Bier-Variante namens »Guinness Africa Special«, die mit afrikatypischen Gewürzen und Pflanzenextrakten hergestellt wird. Pito ist ein Hirsebier, das ausschließlich privat hergestellt wird – meist auch, um das Haushaltseinkommen zu erhöhen.

Guinea

Santé [Sontee]: »(Auf die) Gesundheit«

Guinea ist ein überwiegend muslimisches Land (85 % der Bevölkerung) und Trinkrituale, insbesondere Trinken von Alkohol in der Öffentlichkeit ist unüblich. Dennoch gibt es keine besonderen Verbote oder Regeln bezüglich des Trinkens. Das Leitungswasser in Guinea kann nicht getrunken werden.

Vor allem Bier und weniger Wein

Beliebte Getränke

Tamarinden-Getränk Das süß-saure Erfrischungsgetränk wird aus geschälten Tamarinden-Schoten hergestellt, die in Wasser aufgekocht werden. Danach wird das Fruchtfleisch herausgesiebt und das Getränk wird kalt getrunken.

Bier Wenn Alkohol getrunken wird, ist es in Guinea meist Bier. Das im Land selber gebraute Bier Guiluxe ist sehr beliebt, wobei auch viel vom importierten Skol getrunken wird. Verbreitet sind ebenfalls Castel und 33 Export. Grundsätzlich werden in Guinea vornehmlich Lagerbiere konsumiert.

Wenn Alkohol, hauptsächlich privat hergestellter Schnaps, Wein und etwas weniger Bier

Beliebte Getränke

Palmwein Insbesondere in ländlichen Regionen wird Palmwein von Privatpersonen hergestellt. Dabei wird der milchig erscheinende Palm-Sud mit natürlich in der Luft vorkommender Hefe vergoren. Er schmeckt süß-sauer und hat einen Alkoholgehalt von etwa 4 %.

Cana de Cajeu Gilt als Nationalgetränk des Landes. Es handelt sich um einen Rum, welcher aus Cashewfrüchten hergestellt wird.

Warga Dieser süße, sehr aromatische grüne Tee ist eines der beliebtesten Getränke im Land, insbesondere im nichtalkoholtrinkenden Teil der Gesellschaft und in ländlichen Räumen.

Saúde (Portugiesisch) [Saaudsche]: »(Auf die) Gesundheit«

Guinea-Bissau

Guinea-Bissau ist zu 45 % ein muslimisches Land und in dieser Bevölkerungsgruppe wird wenig oder kein Alkohol getrunken. Wein trinkt man auch wegen des portugiesischen Einflusses aufgrund der Kolonialzeit bis 1973.

1 **Santé** [Sontee]: »(Auf die) Gesundheit«
2 **Cheers** [Tschiers]: »Prost«

Kamerun

Trinkwasser: Die Qualität des Leitungswassers in Kamerun ist vergleichsweise schlecht, es darf nicht getrunken werden. Am besten nur gut verschlossenes Flaschenwasser trinken. Man sollte sich vor »schwarz« gebrannten, auch offiziell verbotenen Schnäpsen in Acht nehmen. »Sachet Whisky« etwa wird in kleinen Plastikbeuteln verkauft und ist meist unprofessionell hergestellt, kann also sehr giftig sein.

Vor allem Bier und privat hergestellte Getränke

Beliebte Getränke

Bier In Kamerun wird viel Bier getrunken, wobei die beliebtesten Biermarken des Landes Castel und 33 Export sind. Außerdem wird häufig Guinness getrunken. Getränke werden im Land von vielen Menschen nicht gekauft, sondern selber hergestellt. Zu diesen Eigengebräuen zählen auch Mais- oder Hirsebiere. Ein fermentiertes Getränk von dieser Art heißt Bil-Bil und wird aus Hirse hergestellt.

Ingwerbier Das nicht alkoholische Getränk wird meist privat hergestellt und von einigen Ladenbesitzern oder auf dem Markt aus eigener Produktion verkauft. Manchmal sogar in alten Speiseöl PET-Flaschen. Ingwerbier wird meist mit Eis oder verdünnt mit kaltem Wasser getrunken.

Beliebte Getränke

Bier In Kenia wird sehr viel Bier getrunken, wobei die am weitesten verbreitete Marke Tusker Lager heißt. Beliebt ist auch White Cap Lager. Neben normalem Bier wird auch das zum Teil privat hergestellte Bananenbier Urwaga getrunken, vor allem in zeremoniellen Zusammenhängen.

Tee Das beliebteste Getränk in Kenia, das in sehr hoher Qualität im Land selber hergestellt wird. Produziert werden schwarzer, grüner und weißer Tee. Kenia ist der drittgrößte Tee-Exporteur weltweit und Teepflanzen gelten als »Cash Crops«, da sie für Devisen sorgen und primär für den Export angebaut werden. Kinderarbeit war in der Vergangenheit immer wieder ein Problem im Teeanbau des Landes.

Maziwa Lala Ein Getränk, das vor allem in den ländlichen Gegenden Kenias beliebt ist. Es wird aus fermentierter Milch und Joghurtkulturen hergestellt und gilt dabei als gesund und verdauungsfördernd.

1 **Cheers** [Tschiers]: »Prost«
2 **Rathima andu atene (Kikuyu)** [Raatima-andu-a-tenne]: »Auf die Gesundheit«
3 **Maisha marefu (Swahili)** [Maischa-Marefu]: »Auf ein langes Leben«

Vor allem Bier, etwas weniger Schnaps und privat hergestellte Getränke

Kenia

Der Alkoholkonsum pro Kopf ist nach einigen Quellen deutlich höher als entsprechend der hier zitierten WHO-Zahlen und Alkoholismus wird als Problem im Land gesehen.
Ein Grund für die Problematik ist, dass viele weniger gebildete Menschen Alkohol als »traditionelle Medizin« gegen Krankheiten verstehen. Positiv ist, dass der Alkoholkonsum insgesamt seit den 1980er-Jahren deutlich zurückgegangen ist (parallel zu einer deutlich positiven ökonomischen Entwicklung).

Komoren

Die Komoren sind ein muslimisches Land, weshalb Alkoholkonsum und entsprechende Trinkrituale unüblich sind. Alkohol ist in der Öffentlichkeit verboten oder zumindest deutlich geächtet.

Ein paar Worte zur Wassersituation: Der Inselstaat Komoren verfügt über kaum Süßwasserreserven, weshalb zu einem großen Teil Regenwasser genutzt wird. Aufgrund des Klimawandels ist aber eine erhebliche Verringerung der Niederschläge prognostiziert, was die Situation in Zukunft verschärfen wird.

1 **Santé** [Sontee]: »(Auf die) Gesundheit«
2 **Fī ṣiḥatik** (في صحتك / Arabisch) [Fie-Sehattäck oder Fie-Sähattika]: »Auf die/Deine Gesundheit«

Wenn Alkohol, vor allem Schnaps und weniger Bier und Wein

Beliebte Getränke

Fruchtsäfte Die im Land angebotenen Fruchtsäfte sind besonders lecker und es sind viele exotische Fruchtvarianten verfügbar. Man sollte bei zugesetztem Wasser darauf achten, dass es zuvor abgekocht wurde oder aus geschlossenen Flaschen zugegeben wird.

Punch Coco Ein Cocktail der aus Kokosmilch, süßer Kondensmilch, Limettensaft und weißem Rum gemixt wird. Meist gewürzt mit Zimt, Vanille und/oder Muskat.

Bier Auf den Komoren wird nur sehr wenig Alkohol getrunken und das verfügbare Bier, etwa Castle Beer, wird aus Südafrika importiert. Generell werden Alkoholika im Laden in schwarze Plastiktüten verpackt – ganz »unauffällig«, denn ausschließlich Alkohol wird in Tüten dieser Farbe verkauft.

A la Santé [Ah la Sontee]: »Auf die Gesundheit«

Kongo

Republik und Demokratische Republik

Vor allem privat hergestellte Getränke und Bier

Der Kongo leidet unter extremem Trinkwassermangel, vor allem aufgrund einer sehr schlechten Infrastruktur – und das, obwohl das Land über die größten Süßwasserreserven Afrikas verfügt. Leitungswasser sollte nicht getrunken werden; nur gekauftes, gut verschlossenes Flaschenwasser.

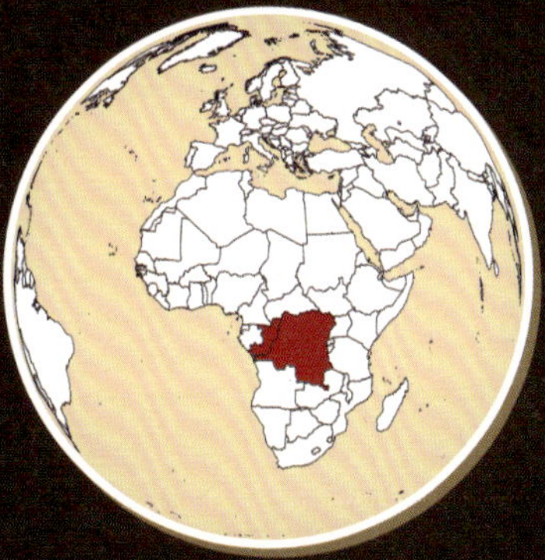

Beliebte Getränke

Bier Das beliebteste Bier der Demokratischen Republik Kongo ist das helle Lager Primus, wobei die meisten Biere im Land vom Heineken-Konzern stammen. In der Republik Kongo ist Ngok besonders populär, das ein Krokodil im Logo trägt. Es gibt auch lokale Biersorten, die etwa auf Basis von Reis gebraut werden.

Limonaden Softdrinks sind überall in den beiden Ländern günstig zu erhalten. Eine besonders beliebte, super süße und super rote Limonade mit Granatapfel heißt Vital'o. Des Weiteren werden häufig Erfrischungsgetränke auf Basis von Ingwer getrunken.

Tee Das Heißgetränk ist in verschiedenen Varianten sehr verbreitet, wobei Tee häufig mit Milch und Zucker getrunken wird. Besonders beliebt sind Tees auf Basis von Kardamom, etwa Chai-Tee oder grüner Tee mit Pfefferminze.

Beliebte Getränke

Bier In Lesotho wird viel Bier getrunken, wobei die meisten verfügbaren Sorten aus dem umliegenden Südafrika stammen. Ein lokal hergestelltes Bier heißt Maluti. Beliebt im Land ist auch Maisbier, das vor allem von Frauen zu Hause gebraut und dann verkauft wird, um das Haushaltseinkommen aufzubessern. Maisbier ist recht dickflüssig und wird von Mitteleuropäern in der Regel nicht gemocht.

Marulabier Ein alkoholisches Getränk, das meist privat auf Basis der Früchte des Marula-Baumes hergestellt wird. Aufgrund einer Reihe von Skandalen und Todesfällen im Zusammenhang mit schlecht hergestelltem Marulabier, ist das Getränk in einigen Ländern der Region verboten. Es wird aber trotzdem weiterhin hergestellt.

Vor allem Bier und etwas weniger schwarz privat hergestellte Getränke

1 **Cheers** [Tschiers]: »Prost«
2 **Nqa** (Bantu): »Prost«

Lesotho

Der Alkoholkonsum ist im Alltag der Menschen ein zentrales Element – wird aber auch als Problem betrachtet, das verschiedene negative soziale und gesundheitliche Auswirkungen hat. Dazu gehört der überhöhte Konsum durch junge Menschen oder sogar von Kindern – und der Umstand, dass die Mehrheit der Frauen während der Schwangerschaft Alkohol trinkt.

Liberia

Cheers [Tschiers]: »Prost«

Liberia hat überaus marode Wasserleitungen, weshalb man nicht aus dem Wasserhahn trinken darf. Wasser sollte immer nur in original verschlossenen Plastikflaschen gekauft werden, Glasflaschen sollte man wegen Wiederverwertung und möglicher Verunreinigungen am besten meiden.

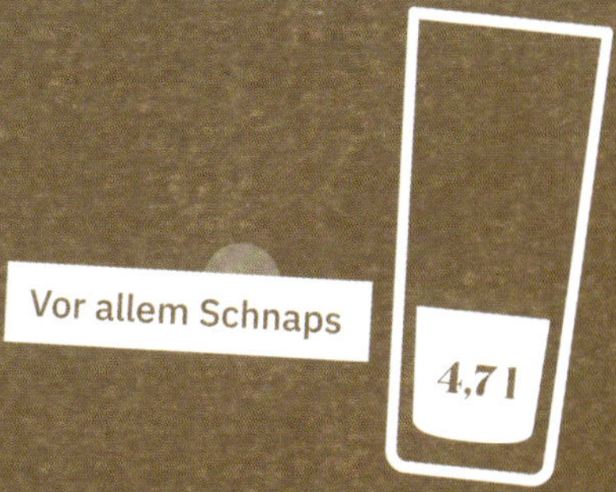

Beliebte Getränke

Tee Lemongrastee erfreut sich großer Beliebtheit im Land und man trinkt ihn über den Tag hinweg. Er wird aus den frischen Blättern der Pflanze gekocht und mit zusätzlichem Zucker und/oder mit Milch getrunken bzw. auch als Eistee. Lemongras ist insgesamt gesundheitsfördernd, besonders für die Verdauung, wirkt gegen Bluthochdruck und enthält viele Antioxidantien.

Bier Das beliebteste Bier des Landes heißt Club Beer, wobei auch Guiness in Lizenz im Land hergestellt wird. Neben regulärem Bier wird auch häufig Ingwerbier getrunken, ein nicht alkoholisches Getränk, das sehr erfrischend schmeckt.

Säfte In Liberia ist eine große Zahl von Säften in allen möglichen Varianten verfügbar. Von Ingwer- über Ananas-, Zuckerrohr- und Mango- bis zu Zitrussaft.

1 Santé [So_n_tee]: »(Auf die) Gesundheit«
2 Mirary fahasalamana e*: »Auf die Gesundheit«

Madagaskar

In Madagaskar wird vergleichsweise wenig Alkohol getrunken. Der Konsum ist dabei vor allem in der 2. Hälfte des 20. Jahrhunderts bis heute deutlich zurückgegangen. Die Mehrheit der Menschen in Madagaskar trinkt keinen Alkohol; aber aus gesundheitlichen, nicht aus religiösen Gründen.

Vor allem Bier und Schnaps

Beliebte Getränke

Gasy Ein beliebter Rum in Madagaskar, der in Dörfern häufig selber hergestellt und zum Teil bei rituellen Festen getrunken wird. Der Rum wird entweder pur getrunken oder mit exotischen Früchten und Kräutern gemischt. In der Mischform heißt er Rhum Arrangé.

Bier Das Pilsbier Three Horses ist mit Abstand das beliebteste Bier des Landes und gilt als »Nationalbier«. Andere populäre Biere heißen etwa Star Gold oder Star Queens, sind etwas teurer und gelten als hochwertiger.

Ranon'Ampango/Ranovola Das Getränk wird hergestellt, indem heißes Wasser in den Topf gegeben wird, in dem die angebrannten Reste von gekochtem Reis kleben. Das Getränk hat entsprechend einen etwas bitteren Geschmack und eine hellbraune Farbe. Nach dem Kochen wird das Getränk gekühlt und dann als Ersatz für Wasser getrunken.

---

* Keine Informationen zur Aussprache bekannt, am besten vor Ort erfragen.

Beliebte Getränke

Bier In Malawi trinkt man häufig Bier der dänischen Marke Carlsberg, wobei das Unternehmen eine Brauerei im Land betreibt. Eine beliebte nationale Biersorte ist das Lagerbier Kuche Kuche. Das trübe, etwas dickflüssige Hirse-Bier Chibuku ist eine weitere beliebte Bierart im Land.

Limonaden Limonadenartige Getränke sind beliebt in Malawi. Neben bekannten internationalen Marken gibt es eine Vielzahl lokaler Limonaden – wie Cocopina; eine orangefarbene Piña-Colada-Limo, oder Cherry Plum, eine Art Cola mit zusätzlichem Fruchtgeschmack.

Malawi Gin Der Schnaps gilt aufgrund seines einzigartigen Geschmacks als etwas Besonderes. Hergestellt wird er aus Zuckerrohr und wird dann mit verschiedenen Gewürzen und Kräutern versetzt, unter anderem mit Wacholder.

Cheers [Tschiers]: »Prost«

Überwiegend privat hergestellte Getränke und Bier

Malawi

Etwa Dreiviertel des volljährigen Teils der Bevölkerung in Malawi trinkt keinen Alkohol, wohingegen diejenigen Menschen, die trinken, besonders viel zu sich nehmen. Ein Problem wird darin gesehen, dass viele Frauen, die in Armut leben, mit mangelnden Perspektiven, alkoholische Getränke herstellen, um Geld zu verdienen.

Überwiegend privat hergestellte Getränke und Bier

Mali

Santé [Son̲tee]: »(Auf die) Gesundheit«

Es handelt sich um ein muslimisches Land. Alkoholkonsum und Trinkrituale sind in Teilen der Bevölkerung unüblich. Allerdings kann man in den meisten Teilen des Landes leicht Bier kaufen, insbesondere in Zentral- und Südmali. Im Norden des Landes wird Alkohol aber konservativer gesehen.

Beliebte Getränke

Erfrischungsgetränke Sehr beliebt in Mali sind Säfte und Saftgetränke, die häufig privat hergestellt und auf der Straße verkauft werden. Verbreitete Geschmacksrichtungen sind Ingwer oder Beeren. Sehr beliebt sind auch Bissap, ein rotes Hibiskusgetränk und Djablani auf Basis von Ingwer. Diese Getränke werden auch in Plastikbeutelchen eingeschweißt auf der Straße verkauft.

Milch Frische Milch wird gerne und viel getrunken und kann etwa in Dörfern direkt aus Eimern am Straßenrand gekauft werden. Ohne Weiteres sollte man diese Milch aber als Tourist nicht trinken, da sie Krankheitserreger enthalten kann.

Tee Aus den Blättern des in Westafrika heimischen Kinkeliba-Baums wird der Kräutertee Kinkeliba hergestellt, der in Mali häufig getrunken wird. Der Tee gilt als gesund und wird mit Zucker gesüßt.

Marokko

Es handelt sich um ein muslimisches Land: Alkoholkonsum und Trinkrituale sind in der Öffentlichkeit unüblich und alkoholische Getränke spielen keine große Rolle. Dennoch kann man Alkohol in einigen Supermärkten der Großstädte des Landes kaufen, sollte aber nicht auf öffentlichen Plätzen oder auf der Straße trinken.

1 **Saha wa'afiab** [Sahaa-Wahfiame]: »Auf die/Deine Gesundheit«
2 **Fī ṣiḥatik** (في صحتك / Arabisch) [Fie-Sehattäck oder Fie-Sähattika]: »Auf die/Deine Gesundheit«
3 **Besseha** (بالصحة / Arabisch) [bäss-e-hatti]: »Auf die/Deine Gesundheit«

Beliebte Getränke

Bier Marokko ist durch den französischen Einfluss aus der Kolonialzeit seit dem 20. Jahrhundert zumindest in Teilen ein Bierland geworden. Populäre Marken sind heute Flag Spéciale (ein Pils), Stork (ein Lager), Casablanca oder Heineken, wobei Flag die wichtigste nationale Biermarke ist.

Wenn Alkohol, vor allem Bier, dann Wein; weniger Schnaps

Erfrischungsgetränke Lecker und beliebt ist Avocadosaft, der in Form eines kalten Shakes und mit Zucker gesüßt getrunken wird. Auch frisch gepresster Zuckerrohrsaft ist erfrischend und günstig zu haben.

Tee Beliebt ist der kräftig schmeckende Khoudenjal-Thé auf Basis verschiedener Gewürze, wie unter anderen Galantwurzel, Zimt und Ingwer, Anis und Kardamom. Angeblich hat dieses Getränk eine aphrodisierende Wirkung.

1 **Fī ṣiḥatik** (في صحتك / Arabisch) [Fie-Sehattäck oder Fie-Sähattika]: »Auf die/Deine Gesundheit«
2 **Besseha** (بالصحة / Arabisch) [bäss-e-hatti]: »Auf die/Deine Gesundheit«

Mauretanien

Mauretanien ist ein muslimisches Land (ohne Religionsfreiheit): Alkoholkonsum und Trinkrituale sind in der Öffentlichkeit unüblich. Mehr noch: Alkoholkonsum, Verkauf und Herstellung sind für die muslimische Bevölkerung verboten. Nichtmuslime dürfen Alkohol in privaten Räumlichkeiten konsumieren. Dazu gehören auch Hotels oder Restaurants, die eine offizielle Genehmigung haben.

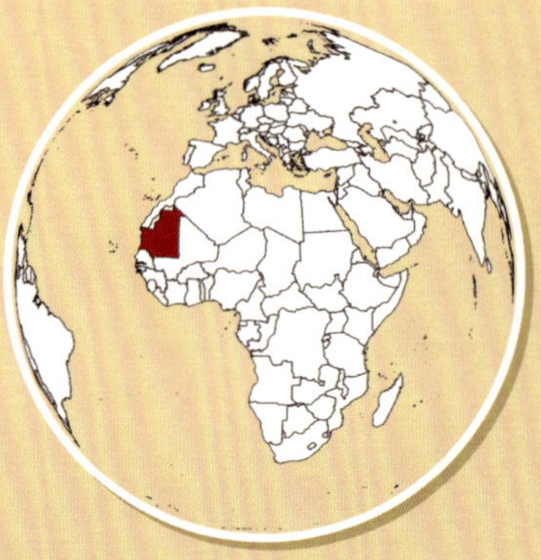

Alkoholische Getränke sind nicht verbreitet

Beliebte Getränke

Tee In Mauretanien wird sehr viel Tee getrunken, wobei grüner Tee mit Pfefferminze als Nationalgetränk gilt. Der Tee wird aus größerer Höhe eingegossen, sodass oben im Glas eine Schaumkrone entsteht. Tee wird meist mit Zucker gesüßt.

Milchgetränke Traditionell wird in Mauretanien die sehr nahrhafte Kamelmilch getrunken, die als gesünder gilt als Kuhmilch. Die Nutztierhaltung von Kamelen ist sinnvoll in der Region, denn sie sind sehr gut an die wasserarmen Verhältnisse angepasst und können auch stark salzhaltige Wüstenpflanzen essen.

Jus de Bouye Ein Getränk, das auf Basis der Früchte des Baobab-Baums hergestellt wird und als gesund gilt. Hierbei wird das Fruchtfleisch in Milch oder Wasser zusammen mit Zucker gekocht, sodass die Flüssigkeit den Geschmack der Früchte annimmt.

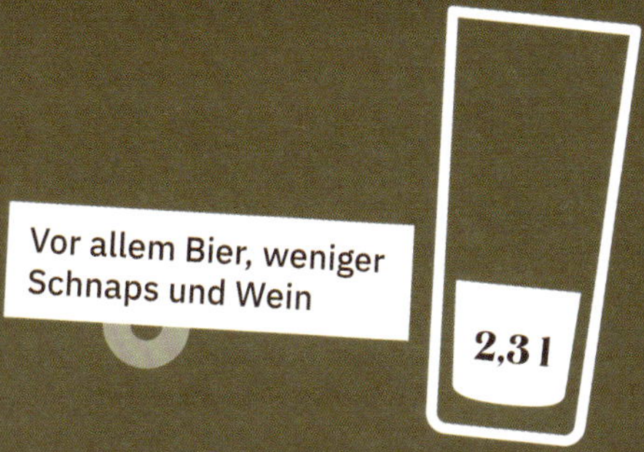

Beliebte Getränke

Bier Mosambik ist Bierland und es wird gutes Bier im Land hergestellt. Beliebte Marken sind etwa das dunkle Lagerbier Laurentina Preta sowie die hellen Lagerbiere Manica und 2M. Das Bier Laurentina wird auch nach Südafrika und Großbritannien exportiert. Daneben sind lokal gebraute Maisbiere verbreitet, die eine dicke Konsistenz haben. Sie werden häufig gemeinschaftlich aus einem Topf getrunken.

Nipa Ein hochprozentiger Schnaps, der aus dem Fruchtfleisch von Cashewnüssen hergestellt wird, wahlweise aber auch aus anderen Grundzutaten wie Maniok, Zuckerrohr oder Mango. Wenn das Getränk privat hergestellt wurde, sollte einem das Risiko einer Methanolvergiftung bewusst sein.

1. **Maisha marefu** (Swahili) [Maischa-Marefu]: »Auf ein langes Leben«
2. **Afya** (Swahili) [Affia]: »Prost«
3. **Saúde** (Portugiesisch) [Saaudsche]: »(Auf die) Gesundheit«

Mosambik

In Mosambik gibt es eine größere Minderheit von Muslims (19 % der Bevölkerung), die meist keinen Alkohol trinkt. Insgesamt trinkt die Mehrheit im Land keinen Alkohol; wohingegen ein großer Teil derjenigen, die trinken, zu viel Alkohol zu sich nimmt.

Namibia

1 **Cheers** [Tschiers]: »Prost«
2 **Prost** [Proost]: »Prost«

Aufgrund der kolonialen Vergangenheit (»Deutsch-Südwestafrika« 1884–1915) bestehen noch heute deutliche Einflüsse deutscher Trinkkultur. So werden einige Biere im Land auch heute entsprechend dem deutschen Reinheitsgebot hergestellt. In Namibia hat man eine positive Haltung gegenüber dieser Tradition, trotz der deutschen Unterdrückung und des Völkermords zur Kolonialzeit.

Fast ausschließlich Bier

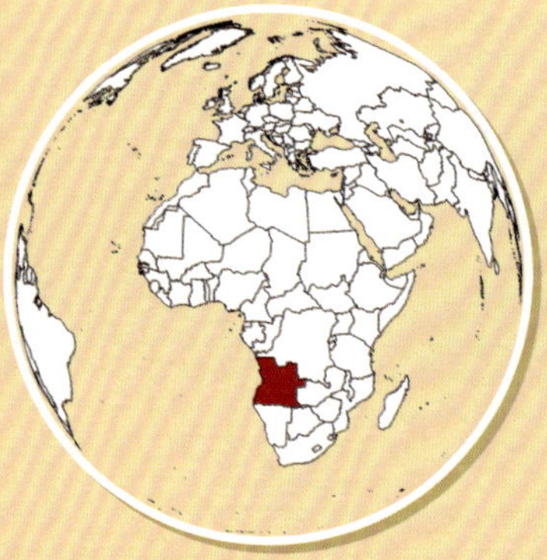

Beliebte Getränke

Bier In Namibia wird sehr viel Bier getrunken und das Getränk ist eng verwoben mit der Identität. Besonders beliebt sind Lager- oder dunkle Draught-Sorten. Verbreitete Marken sind Hansa Draught, Tafel Lager oder Windhoek Lager.

Amarula Der leicht dickflüssige Likör kommt aus Südafrika, wird auf Basis der Frucht des Marula-Baums hergestellt und meist mit zerstoßenem Eis getrunken.

Limonaden Beliebt in allen möglichen Varianten sind süße Erfrischungsgetränke, wie zum Beispiel von der Firma Oasis. Von Oasis gibt es auch eine »Farmdudler«-Limonade, wohl in Anlehnung an das österreichische Almdudler-Getränk. Viel getrunken wird auch der nationale Energy-Drink Wuma, dem eine Reihe künstlich hergestellter Vitamine zugesetzt sind.

Beliebte Getränke

Limonaden Eine beliebte Limonade heißt Lemu-Hari. Es handelt sich um ein süßes Erfrischungsgetränk mit Zitrone und Ingwer. Auch andere lokal hergestellte, nicht alkoholische Süßgetränke sind verfügbar, wie das knallrote, kalt getrunkene Bissap, das auf Hibiskus basiert. Es wird zum Teil mit Ananassaft oder Vanille zusätzlich aromatisiert getrunken.

Bier Das beliebteste Bier des Landes heißt Biere Niger. Die Auswahl von Bieren ist darüber hinaus aber gering, was sicherlich auch religiöse Gründe hat. Ausländische Biere sind erhältlich, werden dann aber nicht im Niger selber hergestellt. Neben konventionellem Bier kann man an einigen Orten auch Hirsebier aus der Heimproduktion bekommen. Dieses wird aber meist von Ausländern, vor allem aus Burkina Faso hergestellt.

Wenn Alkohol, überwiegend Bier und Schnaps

Niger

Santé [Sontee]: »(Auf die) Gesundheit«

Niger ist ein muslimisches Land: Alkoholkonsum und Trinkrituale sind in der Öffentlichkeit daher nicht üblich. In der Öffentlichkeit zu trinken ist zwar erlaubt, aber aufgrund religiöser Befindlichkeiten sollte man aufpassen, sich nicht zu betrinken. Die Qualität des Leitungswassers in Niger ist sehr schlecht, es darf nicht getrunken werden. Als Trinkwasser am besten nur gut verschlossenes Flaschenwasser verwenden.

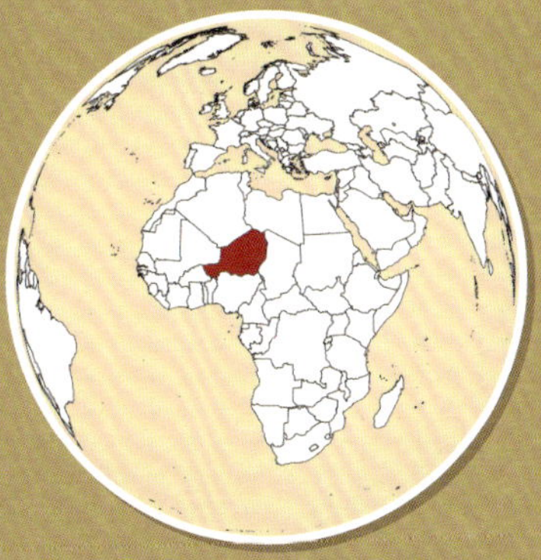

1 **Cheers** [Tschiers]: »Prost«
2 **Don faranta zuciya (Hausa)** [Donn faranta zu-sijah]: »Um das Herz zu erfreuen«

Nigeria

Zum Teil muslimisches Land. In dieser Bevölkerungsgruppe (ca. 47 %) ist der Alkoholkonsum in der Öffentlichkeit eher unüblich. In anderen Teilen der Gesellschaft, insbesondere unter vielen jungen Menschen, sind jedoch Alkoholexzesse verbreitet und es gibt hier kaum staatliche Einschränkungen.
Die Qualität des Leitungswassers in Nigeria ist im internationalen Vergleich sehr schlecht, es darf nicht getrunken werden. Als Trinkwasser sollte nur gut verschlossenes Flaschenwasser verwendet werden.

Überwiegend privat hergestellte Getränke und Bier

Beliebte Getränke

Ogogoro Ein hochprozentiger Palmschnaps, der in Nigeria sehr beliebt ist und auch eine kulturelle Bedeutung hat, insbesondere für religiöse Zeremonien. Man sollte sich vor minderwertigen, privat hergestellten Getränken dieser Art in Acht nehmen.

Bier Bier ist beliebt in Nigeria und es werden bevorzugt Lager- oder Stout-Biere getrunken. Nigeria ist nach Südafrika der zweitgrößte Bierproduzent in Afrika. So zum Beispiel die Guinness-Variante Foreign Extra Stout, die im Prinzip nur ein exportiertes Bierkonzentrat ist, das durch Zugabe von Wasser wieder zu Guinness gemischt wird. Beliebte Marken sind zudem Star, Gulder, Trophy Black Lager, Kronenbourg oder Heineken (Niederlande).

Kunnu Aya Ein traditionelles, cremig-milchiges Getränk, das auf Basis von Erdmandeln (Tigernüssen) hergestellt und gesüßt sowie teilweise mit Kräutern versetzt getrunken wird. Erdmandeln sind nahrhafte, vitaminreiche Wurzelknollen, denen heilende Wirkungen zugeschrieben werden.

Beliebte Getränke

Bier In Ruanda wird recht viel Bier getrunken, häufig aus verhältnismäßig großen Flaschen. Besonders verbreitet sind die Marken Primus, Mützig und Amstel. Neben diesen Bieren europäischen Typs erfreut sich auch die aus Bananensaft und Hirse gebraute Biervariante Urwagwa großer Beliebtheit. Im Rahmen des Völkermords 1994 spielten Bananenbier und Bier eine nicht unerhebliche Rolle, da sich die Hutus meist damit betranken, bevor sie Menschen von der Bevölkerungsminderheit der Tutsis ermordeten.

Milch Ein wichtiges Getränk im Land – nicht nur für die Flüssigkeitsaufnahme, sondern auch für die Ernährung insgesamt. Zum Teil halten die Menschen selber Kühe für die Eigenversorgung und es gibt es ein staatliches Programm, im Rahmen dessen arme Familien jeweils eine Kuh zugewiesen bekommen. Ein Mal im Jahr wird im Land darüber hinaus ein Milchtag gefeiert.

Kubuzima bwacu (Kinyarwanda) [Kusn-bgatsch]: »Prost«

Ruanda

Überwiegend privat hergestellte Biere und Schnäpse

Der Alkoholkonsum pro Kopf ist nach einigen Quellen deutlich höher als entsprechend der hier zitierten WHO-Zahlen. In Studien wurde gezeigt, dass Alkohol ein wesentlicher Faktor für häusliche Gewalt, vor allem gegenüber Frauen im Land ist. Insbesondere zum Schutz der Jugend vor den negativen Folgen eines überhöhten Konsums wurde 2023 eine große Kampagne von der Regierung des Landes gestartet.

Sambia

Cheers [Tschi̲ers]: »Prost«

Alkoholkonsum ist in Sambia recht verbreitet, wobei dieser sich seit der zweiten Hälfte des 20. Jahrhunderts (mit steigendem Wohlstand) statistisch betrachtet in etwa halbiert hat. Dennoch wird Alkoholismus im trinkenden Teil der Bevölkerung als großes Problem betrachtet, insbesondere unter Jugendlichen und jungen Erwachsenen.

4,0 l

Überwiegend privat hergestellte Getränke, dann Bier, dann regulärer Schnaps

Beliebte Getränke

Bier In Sambia ist Bier ein wichtiges Getränk und es werden vor allem Lagerbiere getrunken. Verbreitete Biermarken sind Mosi, Rhino ager, Zambezi oder Castle. Mosi ist das am häufigsten getrunkene Bier.

Chibuku Ein lokales Getränk, das besonders in ländlichen Gebieten hergestellt wird. Es handelt sich um ein vergorenes Getränk auf Basis von Mais, Hirse und Maniok, mit einer dickflüssigen Konsistenz. Es kann in Trinkkartons im Laden gekauft werden, und wird daneben häufig privat hergestellt.

Munkoyo Ein leicht alkoholisches Getränk, das ebenso vor allem auch in ländlichen Regionen hergestellt wird. Es basiert auf Maismehl und den zerkleinerten Wurzeln der Pflanze Rhynchosia. Die Mischung fermentiert einige Tage und entspricht dann im Prinzip einem süßlichen Bier.

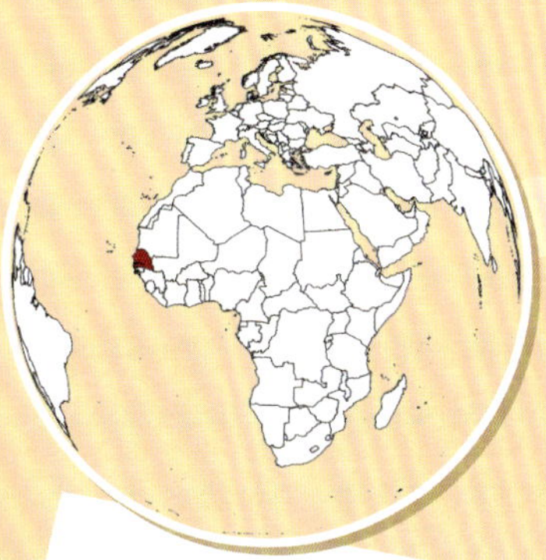

Santé [Sontee]:
»(Auf die) Gesundheit«

Senegal

Der Senegal ist ein muslimisches Land, weshalb Trinkrituale eher unüblich sind. Dennoch wird in der Öffentlichkeit zum Teil Alkohol, etwa Palmwein getrunken. Wie in einigen anderen afrikanischen Ländern darf die linke Hand, die als dreckig gilt, beim Essen und Trinken sowie beim Herüberreichen von Speisen nicht verwendet werden!

Beliebte Getränke

Tee Im Senegal wird viel und häufig Tee getrunken, meist aus frischen Minzblättern. Beliebt ist auch der gesunde Kinkeliba-Tee, der aus den Blättern des gleichnamigen Baumes gebrüht wird und der wirksam gegen Malaria ist. Teetrinken ist integraler Bestandteil des sozialen Lebens im Land.

Erfrischungsgetränke Fruchtgetränke und Limonaden werden viel getrunken, etwa auf Grundlage exotischer Früchte, der Früchte des Gummi- oder des Baobab-Baums. Auch Bissap, ein kaltes Hibiskus-Getränk gemixt mit Fruchtsaft, ist beliebt.

Weine Palmwein wird im Senegal in großem Umfang hergestellt und getrunken. Es handelt sich dabei im Prinzip einfach um fermentierten Palmsaft. Durch die französische Kolonialgeschichte ist auch Wein aus Weintrauben beliebt, der aber überwiegend importiert wird. Die Importe haben sich hierbei seit den 2000er-Jahren in etwa verdreifacht.

Wenn Alkohol, vor allem Bier und Wein

Cheers [Tschi<u>e</u>rs]: »Prost«

Sierra Leone

Es handelt sich um ein zum Teil muslimisches Land. In dieser Bevölkerungsgruppe (72 %) ist der Alkoholkonsum in der Öffentlichkeit eher unüblich. Dennoch sind Trinken und Alkoholismus in der nichtmuslimischen Bevölkerung weit verbreitet und ein großes Problem, das in der Vergangenheit immer wieder (erfolglos) mit Gesetzen eingegrenzt werden sollte.

Fast ausschließlich privat hergestellte Getränke

Beliebte Getränke

Poyo Ein überaus beliebter Palmwein, der in Sierra Leone auf Grundlage des Saftes von Kokospalmen hergestellt wird. Der Baumsaft wird hierbei fermentiert und nach einem oder mehreren Tagen getrunken. Entsprechend der Zeit für das Fermentieren enthält Poyo mehr oder weniger Alkohol.

Bier Das beliebteste Bier des Landes heißt Star Lager. Außerdem trinkt man gerne Guinness Foreign Extra Stout und andere europäische Biermarken. Neben normalem Bier ist auch Ingwerbier beliebt, das in Sierra Leone sehr scharf und süß schmeckt.

Tamarindensaft Ein süß-saurer Saft aus den Früchten des Tamarindenbaums. Der Saft wird meist mit Zucker und Wasser gemischt und wird unter anderem in kleinen Plastikbeuteln auf der Straße verkauft.

Simbabwe

Generell ist ein exzessiver Alkoholkonsum in einigen Teilen der Gesellschaft in Simbabwe ein großes Problem, insbesondere bei jungen Menschen. Dies wird immer wieder kritisiert, etwa von der WHO. Zudem hat die Regierung des Landes in den vergangenen Jahren einige Gesetze diesbezüglich verschärft.

1 **Cheers** [Tschiers]: »Prost«
2 **Impilo enhle** (Nord-Ndebele)*: »(Auf die) Gesundheit«

Überwiegend privat hergestellte Getränke und Bier

Beliebte Getränke

Biere In Simbabwe wird viel Bier getrunken und beliebte Marken heißen Zambezi, Eagle oder Rhino Lager. Lokal gebraute Biere findet man vor allem im Süden Simbabwes, die zum Teil auch auf Basis von Honig hergestellt werden.

Chibuku Ein aus Hirse, Mais, Maniok und Hefe hergestelltes Getränk, das dickflüssig bis klumpig in der Konsistenz und im weiteren Sinne mit Bier verwandt ist. Chibuku gehört zu den beliebtesten Getränken im Land.

Mazoe Orange Crush Eine knallorange Limonade mit einem Orangensaftanteil von 50 %, die sich in Simbabwe großer Beliebtheit erfreut. Die seit den 1930er-Jahren hergestellte Limonade wird pur oder in Cocktails gemischt getrunken. Die Orangen stammen aus der Region rund um den Fluss Mazowe.

* Keine Informationen zur Aussprache bekannt, am besten vor Ort erfragen.

1 **Auguryo**: »Prost«
2 **Fī ṣiḥatik** (في صحتك / Arabisch)
[Fie-Sehattäck oder Fie-Sähattika]:
»Auf die/Deine Gesundheit«

Somalia

Alkoholkonsum ist strikt verboten. Nichtmuslimische Touristen dürfen Alkohol allerdings in privaten Räumen konsumieren. Ein Fakt zur Wassersituation: Somalia leidet unter starkem Trinkwassermangel und nur etwa die Hälfte der Bevölkerung hat Zugang zu Nutzwasser.

Alkoholische Getränke sind im Land nicht verbreitet.

Beliebte Getränke

Tee Besonders beliebt ist der stark würzige Tee Shaah Cadays, der im Prinzip ein Chai-Tee auf Basis von Schwarztee, Kardamom und manchmal Zimt-Rinde ist. Er wird meist mit Kamelmilch und extrem viel Zucker getrunken. Teetrinken hat eine hohe soziale Bedeutung im Land – vor allem, wenn man Gäste empfängt. Es wird zu allen Tageszeiten Tee getrunken, besonders morgens und am Nachmittag.

Erfrischungsgetränke Energy Drinks sind in den letzten Jahren in Somalia immer beliebter geworden. Weniger das international vertriebene Red Bull, sondern viel mehr das kenianische Getränk »Shark«. Beliebt ist das Getränk wohl auch, weil es *halal* ist und möglicherweise weil man auch ohne Alkohol etwas trinken möchte, was als »cool« gilt. Beliebt sind daneben Fruchtgetränke, etwa aus Grapefruit, Zitrone oder Mango.

Kamelmilch Die Milch der Wüstentiere wird in Somalia viel getrunken und sie gilt als überaus gesund und nährstoffreich. Anders als in Mitteleuropa, wo Milch eher ein Kindergetränk ist, wird Kamelmilch in Somalia ebenso von Erwachsenen getrunken.

* oder weniger, keine verlässlichen Zahlen verfügbar

Beliebte Getränke

Tee Im Sudan ist Tee sehr beliebt, vor allem würziger Schwarztee. Er wird aus kleinen Gläsern mit oder ohne Milch getrunken, zum Teil versetzt mit Kardamom. Es werden aber auch gerne Zimt- oder Pfefferminztees getrunken.

Kaffee Neben Tee hat auch Kaffee im Sudan eine große kulturelle Bedeutung und wird häufig im Rahmen einer Kaffee-Zeremonie getrunken. Kaffee wird sehr stark und aus kleinen Tassen oder Schüsselchen getrunken. Im Süden des Landes wird Kaffee angebaut und ist als wertvolles Exportgut zunehmend wichtig für den Sudan.

Araqi Ein klarer Schnaps, der auf Grundlage von Datteln meist illegal hergestellt wird. Seit 1983 gilt die Scharia im Land und Herstellung wie Verkauf von Alkohol sind verboten. Seither besteht ein Schwarzmarkt für den Alkoholbedarf der Bevölkerung, wobei es hin und wieder Todesfälle aufgrund falsch produzierten Araqis gibt. Unabhängig davon stellen in vielen Fällen Frauen Araqi her, da es für sie im Land abgesehen von unmenschlichen Tätigkeiten wie der Prostitution wenig Arbeit gibt.

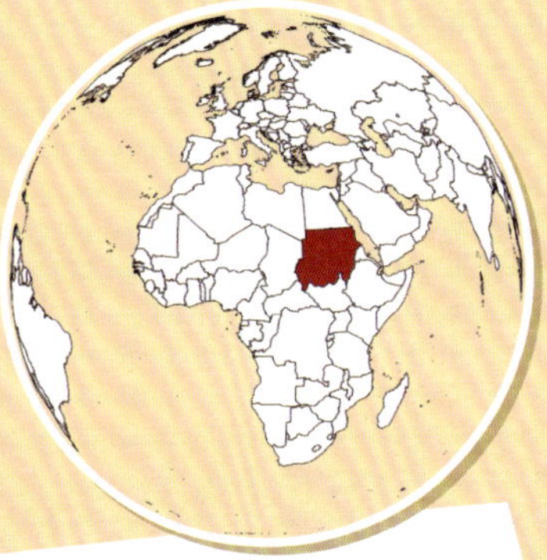

Überwiegend schwarz privat hergestellte Getränke und Bier

1. **Mugi sing séhat** [Mugi-sing-säha]: »Auf Deine Gesundheit«
2. **Fī ṣiḥatik** (في صحتك / Arabisch) [Fie-Sehattäck oder Fie-Sähattika]: »Auf die/Deine Gesundheit«

Sudan

Es gibt keine spezielle zu berücksichtigende Trinketikette und man stößt auch nicht unbedingt miteinander an. Getrunken wird in der Regel einfach nebenher, während man sitzt und sich unterhält. Da es sich um ein überwiegend muslimisches Land handelt, sind Alkoholkonsum und Trinkrituale in der Öffentlichkeit unüblich. Alkoholkonsum, aber auch die Herstellung und der Verkauf sind streng verboten. Das Verbot gilt vor allem für Muslime. Touristen können in privaten Räumen meist Alkohol trinken.

1 **Gesondheid** (Afrikaans) [Chresundheit]: »(Auf die) Gesundheit«
2 **Cheers** [Tschiers]: »Prost«
3 **Akubekuhle** (Zulu) [Ahko-beck-huhle]: »Prost«

Südafrika

Allgemein gilt: Einfach Gläser heben und »Cheers« sagen. Bei informelleren Anlässen zusätzlich ggf. anstoßen.

Bier, etwas weniger Wein und Schnaps

Beliebte Getränke

Wein Südafrika hat große Weinanbaugebiete und es wird im Land viel Wein getrunken. Es werden etwas mehr Weiß- als Rotweine angebaut, wobei der Trend hin zu Rotweinen geht. Wein hat in Südafrika eine große ökonomische Bedeutung – sowohl für den Export als auch für den Tourismus.

Springbokkie Es handelt sich um einen beliebten, etwas eigenwilligen Cocktail in Südafrika. Er besteht aus Pfefferminzlikör (Crème de Menthe) und Sahnelikör (Amarula). Beide Flüssigkeiten stehen scharf getrennt im Glas, da der knallgrüne Pfefferminzlikör schwerer ist als der braune Sahnelikör, der oben im Glas bleibt.

Bier Die Bierproduktion hat eine recht lange Tradition in Südafrika und reicht ins 17. Jahrhundert zurück, als die ersten Holländer ins Land kamen. Der größte Bier-Hersteller des Landes ist South African Breweries (SAB), der den Großteil des Biermarktes auf dem afrikanischen Kontinent beherrscht. In Südafrika werden meist Lager-, Pils- und Stout-Biere getrunken – und auf dem Land auch häufig selbst gebraute Biere.

Fast ausschließlich privat hergestellte Getränke und weniger Bier

Beliebte Getränke

Bier Das Getränk ist ein integraler Bestandteil der Kultur in Tansania und man ist stolz auf die nationalen Biersorten. Über 90 % des konsumierten Biers wird allerdings privat gebraut. Unter den käuflich zu erwerbenden Marken sind besonders verbreitet unter anderem Kilimanjaro Premium Lager, Kibo Gold, Serengeti Premium Lager und Ndovu Premium Malt.

Konyagi Eine Art Gin mit einem Alkoholgehalt von 35 %, der auf Basis von Zuckerrohr hergestellt wird. Konyagi wird entweder pur oder in Cocktails getrunken. Der Schnaps ist beliebt in Tansania und wird auch in die umliegenden Länder Kenia, Uganda, Ruanda und Burundi exportiert.

Säfte und Limonaden In Tansania werden sehr gerne limonadenartige Getränke und Säfte getrunken. Insbesondere in der Saison mit Früchten wie Maracuja, Mango und Orange. Daneben ist die Ginger-Ale-Limonade Stoney Tangawizi weit verbreitet, ebenso wie der Eistee Supertea, der mit Zitronensaft und der Kaffeefrucht hergestellt wird.

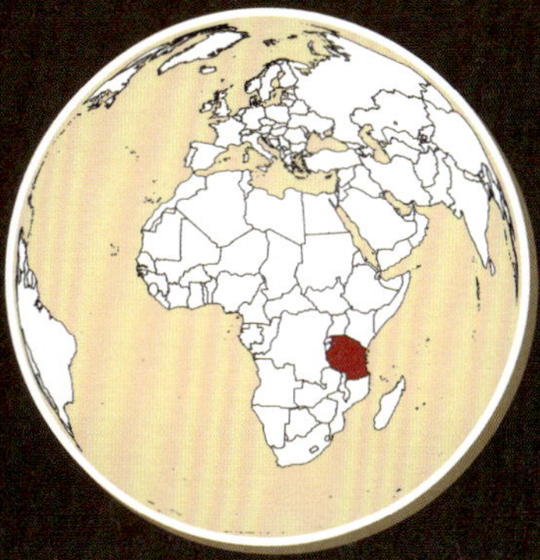

Tansania

Es ist ein zum Teil muslimisches Land, in dieser Bevölkerungsgruppe (35 %) ist der Alkoholkonsum in der Öffentlichkeit eher unüblich. Der Alkoholkonsum pro Kopf ist allerdings nach einigen Quellen deutlich höher als entsprechend der hier zitierten WHO-Zahlen. Dabei trinken Männer deutlich häufiger und mehr, vor allem in der Öffentlichkeit, wohingegen Frauen, sofern sie trinken, dies eher im privaten Rahmen tun.

Maisha marefu (Swahili) [Maischa-Marefu]: »Auf ein langes Leben«

Togo

Ein Fakt zum Trinkwasser: Die Qualität des Leitungswassers in Togo ist sehr schlecht, es darf nicht getrunken werden. Als Trinkwasser sollte man nur gut verschlossenes Flaschenwasser verwenden.

Santé [Sontee]:
»(Auf die) Gesundheit«

Vor allem Bier, Palmwein und privat hergestellte Getränke

Beliebte Getränke

Bier In Togo wird viel Bier getrunken, wobei besonders beliebte Marken Eku Bavaria und Awooyo, aber auch Flag und Castel sind. Da das Land dereinst deutsche Kolonie war, braut man Bier vor allem nach (süd) deutscher Brauart. Es werden daneben auch privat gebraute Biere getrunken, hergestellt etwa aus Hirse.

Sodabi Ein traditioneller Palmschnaps, der häufig illegal privat gebrannt und eher selten verkauft wird. Man sollte beim Trinken vorsichtig sein, da die Herstellung nicht unbedingt immer sauber und hygienisch abläuft.

Palmwein Ein fermentiertes alkoholisches Getränk, das auf Grundlage des Saftes von Kokospalmen hergestellt wird. Das Getränk hat eine weißlich-trübe Färbung und wird teilweise mit Zucker versetzt.

Tschad

Tschad ist ein zum Teil muslimisches Land. In dieser Bevölkerungsgruppe (58 %) ist der Alkoholkonsum in der Öffentlichkeit eher unüblich. Insgesamt ist der Alkoholismus im Land aber ein Problem und die Regierung kämpft vor allem gegen gefährliche gepanschte, illegal hergestellte alkoholische Getränke.
Leitungswasser darf nicht getrunken und auch nicht zum Zähneputzen verwendet werden wegen des Risikos von Infektionskrankheiten.

1 **Fī ṣiḥatik** (في صحتك / Arabisch) [Fie-Sehattäck oder Fie-Sähattika]: »Auf die/Deine Gesundheit«
2 **Santé** [Sontee]: »(Auf die) Gesundheit«

Vor allem Bier und weniger privat hergestellte Getränke

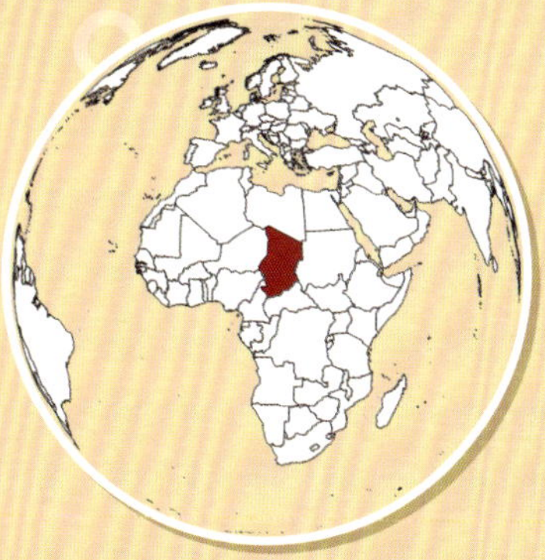

Beliebte Getränke

Karkanji Ein herb-würziges, süßes Erfrischungsgetränk auf Basis von Hibiskus und Ingwer, das in Tschad sehr verbreitet ist. Das Getränk ähnelt dem in Nachbarländern getrunkenen Bissap. Karkanji wird häufig privat hergestellt und auf der Straße verkauft.

Jus de Fruit Die profane französische Bezeichnung »Fruchtsaft«, sagt schon, worum es geht. Beliebt im tropischen Klima (im Süden des Landes) sind frische Säfte, die meist mit Eis oder auch mit Milch getrunken werden, zum Teil auch gewürzt mit Kardamom. Fruchtsäfte in verschiedensten Varianten und Mischungen können auf der Straße gekauft werden. Verbreitete Früchte sind etwa Ananas, Papaya, Guave oder Mango.

Beliebte Getränke

Bier In Tunesien ist Bier ein recht beliebtes Getränk, weniger aber in den alkoholischen, mehr in den alkoholfreien Varianten. Die größte Biermarke des Landes heißt Celtia und ist ein leichtes Lagerbier, das in der Hauptstadt Tunis gebraut wird. Beliebt sind daneben auch Heineken oder Beck's.

Tee Das wichtigste Getränk in Tunesien ist Tee, wobei am häufigsten Schwarz- und Grüntees mit Minzblättern verfeinert getrunken werden. Der Tee wird meist stark gesüßt getrunken und zum Teil ergänzt mit Pinienkernen oder Mandeln, die mit ins Teeglas gestreut werden. Insgesamt hat Teetrinken eine wichtige soziale Bedeutung in Tunesien.

Thibarine Ein überaus süßer Kräuterlikör auf Basis von Datteln, der vor allem im Norden des Landes, in einem Kloster in Thibar hergestellt wird. Thibarine gilt als besondere Spezialität.

Fī ṣiḥatik (في صحتك / Arabisch) [Fie-Sehattäck oder Fie-Sähattika]: »Auf die/Deine Gesundheit«

Tunesien

Tunesien ist ein muslimisches Land, daher sind Alkoholkonsum und Trinkrituale in der Öffentlichkeit unüblich. Hinweis für alle Reisende: Auch wenn man in Tunesien nicht so streng ist wie in anderen muslimischen Ländern, sollte man keinen Alkohol auf der Straße trinken.

Wenn Alkohol, vor allem Bier und Wein

1 **Cheers** [Tschiers]: »Prost«
2 **Maisha marefu** (Swahili) [Maischa-Marefu]: »Auf ein langes Leben«

Uganda

Überwiegend privat hergestellte Getränke und Bier

Da Alkohol im privaten Umfeld hergestellt und damit nicht offiziell erfasst wird, ist der Alkoholkonsum pro Kopf nach einigen Quellen deutlich höher, da Alkohol im privaten Umfeld hergestellt und damit nicht offiziell erfasst wird.

Beliebte Getränke

Waragi Eine Art von Schnaps, der geschmacklich Gin ähnelt und häufig privat hergestellt wird. Grundstoffe für die Herstellung sind entweder Maniok-Wurzeln, Bananen, Zuckerrohr oder Hirse. Achtung: hin und wieder sterben Menschen wegen des Konsums dieses Getränks, wenn es etwa mit zu viel Methanol verunreinigt ist.

Bier Bier ist überaus beliebt in Uganda und besonders verbreitete Sorten sind Nile Special, Club, Eagle oder Bell Lager. Die Marke Moonberg Lager wird entsprechend dem deutschen Reinheitsgebot gebraut. Guinness wird in Lizenz im Land hergestellt und es sind auch weitere europäische und afrikanische Biersorten verfügbar.

Süßgetränke Verschiedene Varianten kohlensäurehaltiger Limonaden erfreuen sich großer Beliebtheit in Uganda. Neben Standardlimos von westlichen Konzernen gibt es auch regionaltypischere Getränke wie Novida in den Geschmacksrichtungen Orange und Ananas. Von der Firma Krest wird ein Bitter-Lemon-Getränk angeboten und Stoney Tangawizi ist eine eigenwillig schmeckende Ingwer-Limonade.

Santé [Sontee]:
»(Auf die) Gesundheit«

Zentralafrikanische Republik

Die Qualität des Leitungswassers in der Zentralafrikanische Republik ist im internationalen Vergleich mit am schlechtesten, es darf nicht getrunken werden. Als Trinkwasser unbedingt nur gut verschlossenes Flaschenwasser verwenden.

Überwiegend privat hergestellte Getränke wie Palmwein und Bier

Beliebte Getränke

Palmwein Als Grundlage für dieses Getränk wird der Baumsaft von Palmen verwendet. Es handelt sich um ein traditionelles Getränk, das bereits seit Jahrhunderten hergestellt wird und eine bedeutende Rolle in zeremoniellen Kontexten sowie bei Festen spielt. Palmwein schmeckt ungefähr wie eine Mischung aus Bier und Wein.

Bier Beliebte einheimische Marken in der Zentralafrikanischen Republik sind Castel, 33 und Mocaf, wobei Mocaf das am häufigsten getrunkene Bier ist. Traditionell wurde Bier aus Hirse hergestellt, was in Eigenproduktion auch heute noch verbreitet ist.

Ingwerbier Traditionell hergestelltes Ingwerbier ist süß und meist nicht alkoholisch. Es wird durch die natürliche Gärung eines aufgesetzten Ingwersuds hergestellt, dem Hefe und Zucker, manchmal auch Zitronensaft und Gewürze zugesetzt werden. Das Getränk wird seit den Zeiten des kolonialen Handels mit Gewürzen mit dem Orient und den rohrzuckerproduzierenden Ländern der Karibik hergestellt.

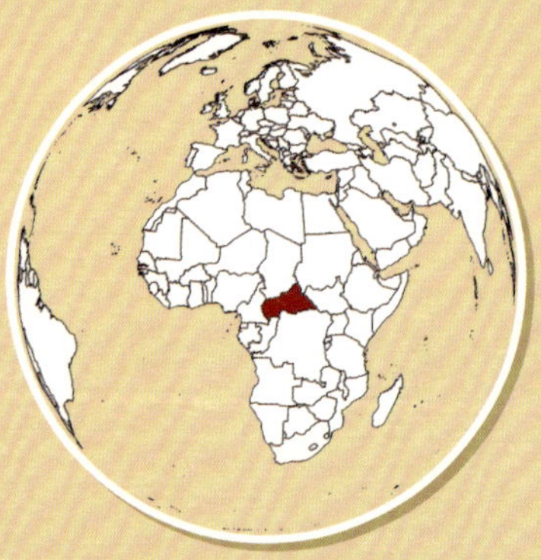

Nordamerika

Der flächenmäßig größte Teil des Kontinents wird von den beiden Ländern USA und Kanada gebildet und ist stark von der europäischen Trinkkultur geprägt. Ebenfalls in der Auswahl der Getränke gleichen sich die Länder in vielen Punkten den europäischen. Etwas weniger ausgeprägt als in Mittel- und Osteuropa sind hingegen Trinkrituale und implizit vorgeschriebene Verhaltensweisen.

Insgesamt wird auch in Nordamerika viel Alkohol getrunken. Der Pro-Kopf-Konsum bewegt sich mit neun bis zehn Litern pro Jahr; in etwa auf mitteleuropäischem Niveau. Dennoch herrscht eine etwas andere Mentalität in Bezug auf diese Volksdroge vor – auch durch das späte Eintrittsalter für junge Menschen von 21 Jahren in den USA und die historische Tabuisierung von Alkohol, die in der ersten Hälfte des 20. Jahrhunderts zur Prohibition führte, also zu einem generellen Alkoholverbot. Aber auch heute ist der Alkoholkonsum auf der Straße oder im Park in den USA verboten. Gekaufte Schnapsflaschen müssen etwas verlogen in braunen Papiertüten transportiert werden. Gleichzeitig schießen sich ganze Generationen von Jugendlichen in Sauforgien im Rahmen der sogenannten »Spring-Break«-Feiern ab.

Insgesamt ist Nordamerika recht stark durch Bier dominiert, wobei die kulturelle Bier-Vielfalt in Kanada traditionell breiter ist. Entgegen der jahrzehntelangen Monopolisierung der Bierindustrie und der Konzentration auf wenige medial beworbene Marken in den USA, liegt heute der Fokus stärker auf Mikrobrauereien, oder sogenannte »Craft«- oder »Artisan«-Bieren. Dennoch sind noch immer leichte Lager- oder Light-Biere vorherrschend. Durch das günstige Klima in Kalifornien findet sich aber auch Weinanbau auf dem Kontinent – und in Kanada werden nördlichere Früchte wie Äpfel zu Cidre/Cider vergoren.

In den USA ist man Vorreiter bei der »McDonaldisierung« der Café-Kultur – mit großen Kaffeeketten und übergroßen Bechern für konsumorientierte Menschen. Daneben werden Limonaden und Eistee gerne getrunken – Letzterer entgegen der Kaffee-Unkultur aber auch häufig zu Hause selber zubereitet.

In Zentralamerika und der Karibik sticht vor allem Mexiko als weltweit größtes Exportland für Bier hervor. Auch hier mag man leichte Lagerbiere, die mit einer Limetten-Spalte im Flaschenhals und eisgekühlt serviert werden. Auch Schnaps ist in diesen Regionen verbreitet, vor allem auf Basis von Agaven und Zuckerrohr. Das mexikanische Nationalgetränk Mezcal und seine agavebasierten Vorgänger waren und sind in religiösen und indigenen Kontexten relevant. Aus der tropischen Zuckerrohrpflanze wird Rum hergestellt, der vornehmlich in der Karibik eine hohe gesellschaftliche Bedeutung innehat. Rum ist hier auch die Basis für die teils ausgeprägte Cocktail- und Longdrinkkultur.

In Teilen der Karibik, so etwa in Haiti, wird Rum auch als Opfergabe im Rahmen der aus Afrika stammenden Religionen (z.B. Voodoo) verwendet. Auch auf Kuba spielen rituell-religiöse Zusammenhänge beim Trinken von Alkohol eine Rolle. Vor allem, wenn (mit einem gewissen Augenzwinkern) der erste Schluck von Schnaps weggeschüttet wird, und damit »den Göttern geopfert«.

1 **Salud** [Saluud]: »(Auf die) Gesundheit«
2 **Cheers** [Tschiers]: »Prost«

Belize

Alkoholische Getränke im Land sind vergleichsweise teuer. Privat hergestellte Fruchtweine, die am Straßenrand verkauft werden, sollte man aber meiden, da sie mit nicht sauberem Wasser hergestellt sein und daher krank machen können.

Beliebte Getränke

Bier Das mit Abstand am meisten getrunkene Bier in Belize heißt Belikin, gebraut nach deutscher Brautradition. Es werden daneben auch verschiedenen Varianten dieser Marke verkauft, darunter als Lager, Stout und »Premium«. Ansonsten wird auch Kubuli Gold aus der Dominikanischen Republik getrunken, das sehr leicht und malzig im Geschmack ist – ebenso wie das leichte Bier Carib Lager.

Wein In Belize werden Weine aus unterschiedlichen Früchten wie etwa Cashew-Kernen oder aus Ingwer hergestellt. Eine Wein-Variante wird auf Grundlage von Früchten des tropischen Baums Stachelannone *(Soursop)* hergestellt. Dieser Wein gilt als überaus gesund und erinnert geschmacklich ein wenig an Met.

Säfte Es ist eine Vielzahl an frischen tropischen Säften, Smoothies und Limonaden verfügbar, etwa in den Geschmacksrichtungen Orange, Ananas oder eben auch *Soursop.* Letzterer Frucht werden diverse heilende Wirkungen zugeschrieben.

Vor allem Bier, etwas weniger Schnaps (u. a. in Cocktails)

Salud [Sal<u>uu</u>d]: »(Auf die) Gesundheit«

Costa Rica

Die Trinktradition in Costa Rica ist eine Mischung aus lokalen Traditionen und europäischen Einflüssen. Man sollte moderat und nicht an öffentlichen Plätzen oder auf der Straße trinken. Außerdem sind die Gesetze sehr streng, wenn es um Alkohol am Steuer geht.

Beliebte Getränke

Guaro Ein leicht süß schmeckender Schnaps, der aus Zuckerrohr hergestellt und häufig für Longdrinks und Cocktails verwendet wird. Eine beliebte Marke des Schnapses heißt Cacique.

Fruchtgetränke Entsprechend der großen Bandbreite tropischer Früchte im Land sind viele fruchtbasierte Getränke *(Frescos)* verfügbar. Sie werden normalerweise aus frischen Säften zubereitet, zum Teil auch mit Wasser verdünnt oder mit Milch gemischt. Beliebte Früchte sind Mango, Papaya, Ananas oder Maracuja.

Kaffee In Costa Rica wird viel Kaffee hergestellt und weltweit exportiert. Im Land wird sehr viel Kaffee getrunken und mit einem recht hohen Anteil heißer Milch serviert. Trotz des Anbaus hat der Kaffee, der im Land selber zu kaufen ist, häufig nur eine mäßige Qualität.

1 **Salud** [Saluud]: »(Auf die) Gesundheit«
2 **Salud, dinero, amor y tiempo para disfrutarlo**
[Saluud, dinärro, amorr-i-tiämpo para disfrudtta]:
»Gesundheit, Geld, Liebe und Zeit, diese zu genießen«

Dominikanische Republik

In der Dominikanischen Republik wird moderat bis viel getrunken, wobei sich der Konsum pro Kopf seit der zweiten Hälfte des 20. Jahrhunderts etwa verdoppelt hat. Der zu frühe Alkoholkonsum bei Jugendlichen (etwa drei Viertel trinken vor dem 14. Lebensjahr zum ersten Mal) wird dabei als eines der vornehmlichen Probleme betrachtet. Das Land bietet aber, nicht zuletzt aufgrund seiner tropischen Lage, eine große Vielfalt an nicht-alkoholischen Getränken.

6,9 l

Vor allem Bier und Schnaps (u. a. in Cocktails)

Beliebte Getränke

Mama Juana Ein Mixgetränk aus Rum, Rotwein, Honig, Baumrinde und Kräutern, das in Flaschen verkauft wird und positive Wirkungen auf die Gesundheit haben soll – und angeblich auch einen aphrodisierenden Effekt. Einige Inhaltsstoffe von den zugesetzten Kräutern gelten als bedenklich und der positive Gesundheitseffekt wird angezweifelt.

Kaffee In der Dominikanischen Republik ist Kaffee sehr beliebt. Er wird sehr stark und mit viel Zucker getrunken. Die beliebteste Kaffeemarke ist Café Santo Domingo.

Fruchtsäfte und Limonaden Säfte, die meist frisch hergestellt werden, sind im Land überaus beliebt, wobei viele tropische Früchte verfügbar sind. Auch Limonaden werden viel getrunken und verbreitete Marken sind etwa Refresco Country Club oder die künstlich schmeckende Champagne Cola.

Bier Das beliebteste Bier des Landes ist Presidente Beer. Es handelt sich um ein Pils mit 5 % Alkohol. Bier wird eiskalt getrunken, was man beim tropischen Klima gut nachvollziehen kann.

El Salvador

Wenn zugeprostet wird, erheben die Leute einfach nur ihre Gläser und sagen »Salud!« Man kann dem Gastgeber ggf. gesondert zuprosten, etwa mit den Worten, dass man sich freut, in El Salvador sein zu können.

Salud [Saluud]: »(Auf die) Gesundheit«

Beliebte Getränke

Atole de Elote Ein heiß serviertes Getränk, dass noch von der Maya-Kultur abstammt. Es besteht aus Mais, Zimt und Zucker, wird aber auch in anderen Varianten getrunken, etwa mit zusätzlich Schokolade, Milch, lila Mais, Coca-Blättern oder anderen Gewürzen.

Erfrischungsgetränke Kolashampan ist eine beliebte orangefarbene Limonade auf Basis von Zuckerrohr, die sehr künstlich schmeckt. Ensalada ist ein Fruchtgetränk und trägt den Namen »Salat«, enthält aber kein Gemüse, sondern Fruchtstücke von Äpfeln, Melonen oder tropischen Früchten wie Ananas oder Kokos. Das Getränk schmeckt in etwa wie Sangria und wird mit einem großen Strohhalm getrunken.

Überwiegend Bier und Schnaps (u. a. in Cocktails)

Salud [Sal<u>uu</u>d]: »(Auf die) Gesundheit«

Guatemala

In der Regel werden Toasts gesprochen. Man kann als Gast auch damit beginnen und sich z. B. für die Gastfreundschaft bedanken. Während des Spruchs *»Salud«* werden die Gläser gehoben.

Beliebte Getränke

Bier Das »Nationalbier« des Landes heißt Gallo, was Hahn bedeutet. Es werden verschiedene Varianten von Gallo getrunken: Ein Lager-, ein Light- und ein Fassbier. Ein weiteres beliebtes Bier heißt Victoria und ist ein mittel-bitteres Pale Lager. Insgesamt gelten die guatemaltekischen Biere als gut genießbar.

Licuados Dieses Getränk besteht aus einem Mix aus Fruchtsäften; schließlich ist Guatemala als tropisches Land reich an exotischen Früchten. Beliebte Geschmacksrichtungen sind Banane, Cantaloupe (eine Art Honigmelone), Papaya oder Ananas. Manchmal werden Licuados auch zusätzlich mit Joghurt oder Milch zubereitet.

Rum Im Land wird viel Rum getrunken. Beliebte Marken heißen etwa Ron Zacapa Centenario, Zaya Gran Reserva oder Ron Botran. Neben Rum wird auch der Schnaps Guaro getrunken, der, ebenso wie Rum, aus Zuckerrohr hergestellt wird.

Kaffee Guatemala ist weltweit eines der wichtigsten kaffeeproduzierenden Länder und auch die Guatemalteken selbst trinken viel Kaffee. Dieser ist meist sehr dünn und wird mit sehr viel Zucker zubereitet, was nicht allen Mitteleuropäern schmecken dürfte.

1 **Ochan** (Haitianisch / Kreol) [Oachan]: »(Auf die) Gesundheit«
2 **Santé** [Sontee]: »(Auf die) Gesundheit«

Haiti

Vor allem Schnaps (u. a. in Cocktails)

Die Trinkwassersituation im Land ist trotz großer Anstrengungen in den vergangenen Jahren, aufgrund einer immer noch sehr schlechten Infrastruktur prekär. So konnten sich Infektionskrankheiten, wie Cholera, immer wieder über das Trinkwasser verbreiten.

Beliebte Getränke

Rhum Barbancourt Ein Rum, der nicht nur im Land beliebt ist, sondern international exportiert wird. Rhum Barbancourt gilt als überaus hochwertig und er wird unter anderem im haitianischen Mixgetränk Kremas verwendet.

Kremas Ein Getränk, das in Haiti vor allem zu Weihnachten getrunken wird, aber auch zu anderen Zeiten im Jahr. Es wird aus Kondensmilch, Kokos, Zucker, Gewürzen und Rum gemischt.

Bier Bier ist etwas weniger beliebt in Haiti, es sind aber sowohl internationale als auch nationale Marken verfügbar. »Prestige« ist ein leichtes Lager und das mit Abstand am häufigsten getrunkene Bier im Land.

Akasan Ein dickflüssiger Shake bestehend aus Maismehl, Kondensmilch, Zucker, Zimt, Vanille und Anis. Akasan wird kalt oder heiß getrunken – häufig zum Frühstück.

Honduras

Salud [Saluud]:
»(Auf die) Gesundheit«

Information zur Wassersituation: In Honduras gibt es starke Konflikte um den Zugang zu sauberem Wasser. Gefährdet ist die Versorgung etwa aufgrund von Bergbau und Staudammprojekten, in deren Zuge bereits Morde an Umweltaktivistinnen verübt wurden.

4,0 l

Vor allem Schnaps (u. a. in Cocktails)

Beliebte Getränke

Rum Rum heißt in Honduras Guaro, ist das beliebteste alkoholische Getränk und wird aus Zuckerrohr hergestellt. Die beliebtesten Marken sind Flor de Caña und Pirate's Grog.

Shakes Ein beliebter, ursprünglich aus Spanien stammender Shake heißt Horchata: Es handelt sich um ein süßes, würziges Getränk, das auf Grundlage von Reis hergestellt wird und mit Zimt, Zucker und Vanille aromatisiert ist. Beliebt sind auch Licuados, Milchshakes mit Früchten, etwa mit Mango, Wassermelone, Banane oder Ananas.

Bier In Honduras wird eine Reihe von Bieren gebraut, darunter Salva Vida, Nacional, Barena, Port Royal oder Imperial. Insbesondere werden helle Lagerbiere bevorzugt getrunken.

Cheers [Tschiers]: »Prost«

Jamaika

Das Leitungswasser in Jamaika ist gut trinkbar und von hoher Qualität. Damit hat das Land die beste Versorgung mit sauberem Wasser in der Region, worauf man stolz ist. Und so nehmen viele Kreuzfahrtschiffe auf Jamaika frisches Trinkwasser an Bord.

Beliebte Getränke

Rum Die Herstellung und der Konsum von Rum haben eine lange Tradition auf Jamaika, die bis ins 15. Jahrhundert zurückreicht. Ebenso wie auf Kuba wird der Rum aus Zuckerrohr hergestellt und pur oder in Longdrinks und Cocktails getrunken.

Cocktails Beliebter Cocktail ist der Jamaican Rum Punch aus Rum und verschiedenen Früchten. Auch häufig getrunken werden Varianten mit der tropischen Frucht Stachelannone, etwa Soursop Martini. Auf Basis der Frucht werden aber auch alkoholfreie Shakes gemixt.

Bier Auf Jamaika wird recht viel Bier getrunken, wobei eine besonders beliebte Marke Red Stripe heißt. Die ursprünglich jamaikanische Brauerei gehört seit 1993 zum irischen Guinness-Konzern. Neben normalem Bier ist auch Ingwerbier auf der Insel beliebt: Das nicht alkoholische Getränk wird aus Ingwer-Wurzeln hergestellt, manchmal versetzt mit Zucker, mit Zitrone oder Limette.

Vor allem Schnaps (u. a. in Cocktails) und Bier

Cheers [Tschiers]: »Prost«

Kanada

Einfach die Gläser heben und *»Cheers«* sagen. Im Pub wird erwartet, dass jede Person eine Runde für die anderen ausgibt. Wenn Toasts ausgesprochen werden, dann normalerweise vom Gastgeber. Später beim Essen kann der Gast den Toast erwidern.

Viel Bier, etwas weniger Schnaps und Wein

10,2 l

Beliebte Getränke

Cider Das leichte alkoholische Getränk (6–7 % vol.) wird aus Äpfeln hergestellt. In Kanada in einer eher britischen Variante und einer eher französischen Variante, die leichter und süßer schmeckt. Darüber hinaus wird auch Ice Cider getrunken, das aus gefrorenen Äpfeln hergestellt wird, überaus süß ist und etwas mehr Alkohol enthält.

Bier Im Gegensatz zu den USA gibt es eine recht große Biervielfalt in Kanada. Auch deshalb, da je nach Region unterschiedliche Varianten des Getränks vorherrschend sind. Das sind Biere, die in der Tradition irischer, belgisch-nordfranzösischer oder deutscher Einwanderungsgruppen stehen; also Stouts, Lager und Pilsener. Aufgrund einer hohen Besteuerung von Alkohol ist Bier in Kandada vergleichsweise teuer. Beliebte Marken im Land sind u. a. Brick, Big Rock und Creemore Springs, wobei es auch viele lokale Biersorten gibt.

Ahornsirup-Schnaps Es gibt eine Reihe alkoholischer Getränke, die mit Ahornsirup hergestellt werden, etwa Liköre auf Basis von kanadischem Whisky und Ahornsirup. Sie sind jedoch eher bei Touristen beliebt als bei der einheimischen Bevölkerung. Ahornsirup wird auch häufig für andere Mixgetränke verwendet.

Vor allem Schnaps (u. a. in Cocktails), etwas weniger Bier

Salud [Saluud]: »(Auf die) Gesundheit«

Kuba

Es gibt kein besonderes Trinkritual, dafür aber einen interessanten Brauch: Wenn man eine Flasche Rum anbricht, gebührt der erste Schluck »den Göttern«. Das heißt, er wird auf den Boden geschüttet.

Beliebte Getränke

Rum Kuba ist bekannt für seinen Rum, der aus Zuckerrohr hergestellt wird. Es gibt ihn in mehreren Abstufungen von einem Jahr bis zu mehreren Jahren der Lagerung. Die alten Varianten haben eine bräunliche Farbe, die jüngeren sind gelblich bis farblos. Der Rum ist auch Grundlage für Longdrinks und Cocktails. Die bekannteste Marke ist Havana Club, die auch international beliebt ist, aufgrund eines Markenrechtsstreits mit Bacardi aber etwa in den USA nicht verfügbar ist.

Cocktails/Longdrinks Gern getrunken wird Mojito, der durch den US-Autor und Kuba-Fan Ernest Hemingway weltbekannt wurde. Der Longdrink besteht aus Rum, gemischt mit Rohrzucker und Hainminze. Das beliebteste Mixgetränk auf der Insel ist Cuba Libre, gemischt aus Rum und Cola. Verbreitet ist aber auch der Frucht-Cocktail Daiquiri, bestehend aus verschiedenen Früchten, weißem Rum, Minze, Limettensaft, Mineralwasser, Rohrzucker und zerkleinertem Eis.

Bier Auf Kuba wird viel Bier getrunken, wobei zu den beliebten einheimischen Marken Cristal, Hatuey, Cubay Clásica, Cacique und Mayabe zählen. Die meisten dieser Marken sind Lagerbiere.

1 **Salud** [Saluud]: »(Auf die) Gesundheit«
2 **Pacayeliztica** [Packa-Jäelitstika] (Nahuatl / Aztekisch): »Zum Wohl«

Mexiko

Es gibt keine nennenswerten Trinkrituale. Wenn ein Toast ausgesprochen wird, dann in der Regel von Männern (dem ältesten der Anwesenden).

Vor allem Bier und Schnaps (u. a. in Cocktails)

Beliebte Getränke

Mezcal (und Tequila) Die Herstellung von Mezcal-Schnäpsen hat in Mexiko eine etwa 10.000 Jahre alte Tradition. Sie werden aus Agaven hergestellt und seit Mitte des 20. Jahrhunderts zum Teil mit einem Wurm in der Flasche verkauft. Die bekannteste Mezcal-Variante heißt Tequila, benannt nach der gleichnamigen Stadt. Tequila gibt es in vielen Varianten, die sich vor allem im Alter, also der Dauer der Lagerung und damit der Farbe unterscheiden. Es gibt in Mexiko rund 130 Tequila-Hersteller und -marken.

Pulque Gilt als altertümliches Nationalgetränk des Landes. Es besteht aus fermentiertem Agavensaft und enthält 2–6 % Alkohol. Die Agave hat eine religiöse und mythologische Bedeutung für die indigene Bevölkerung. Bei den Azteken hieß das Getränk Iixtac Octli (»weißer Likör«). Heute wird Pulque in einigen Teilen Mexikos hergestellt und getrunken; da das Getränk jedoch weder transport- noch lagerfähig ist, wird es nicht über die Landesgrenzen hinaus exportiert.

Bier In Mexiko wird viel Bier hergestellt und getrunken. Das Land ist der größte Bier-Exporteur weltweit – mit etwa der doppelten Exportmenge der zweitplatzierten Niederlande. Beliebte Marken wie Corona oder Sol sind weltweit bekannt. Normalerweise steckt man in Mexiko vor dem Trinken ein Stückchen Zitrone oder Limette in den Flaschenhals. Zum Teil wird Bier auch mit Chillisauce und/oder Salz gewürzt getrunken.

Salud [Saluud]:
»(Auf die) Gesundheit«

Nicaragua

In Bezug auf Trinkwasser ist Nicaragua in einer schwierigen Situation. Dies liegt zum großen Teil an der sehr schlechten Infrastruktur, insbesondere im ländlichen Raum und in den Bergen. Die Qualität des Wassers aus dem Wasserhahn ist regional sehr unterschiedlich, man sollte daher eher auf Flaschenwasser ausweichen.

Vor allem Schnaps (u. a. in Cocktails), etwas weniger häufig Bier

Beliebte Getränke

Rum In Nicaragua wird hervorragender Rum hergestellt. Die bekannteste Marke heißt Flor de Caña. Beliebt ist auch ein Mixgetränk namens El Macuá, das aus weißem Rum, Guaven- und Zitronensaft sowie Zucker gemacht wird.

Bier Etwas weniger, aber auch beliebt in Nicaragua ist Bier. Die beliebtesten Marken heißen Toña (ein Lager) und Victoria (ein Pils). Internationale Marken sind auch verbreitet, hier vor allem Heineken und Corona.

Erfrischungsgetränke Im Lichte der großen Auswahl an Tropenfrüchten im Land ist die Palette an Fruchtsäften und -getränken groß. Beliebte Varianten basieren auf Papaya, Ananas oder Mango, häufig mit Wasser gemischt, mit Milch oder mit Joghurt. Auf der Straße wird ansonsten auch eiskaltes Mineralwasser in kleinen Plastikbeuteln verkauft. Ein weiteres beliebtes Getränk heißt Pinolillo und wird aus geröstetem Mais und Kakao hergestellt.

Salud [Saluud]:
»(Auf die) Gesundheit«

Panama

Der Trinkspruch ist nicht obligatorisch. Darüber hinaus gibt es kein Protokoll oder festgelegtes Ritual für Toasts.

Vor allem Bier, etwas weniger Schnaps (u. a. in Cocktails)

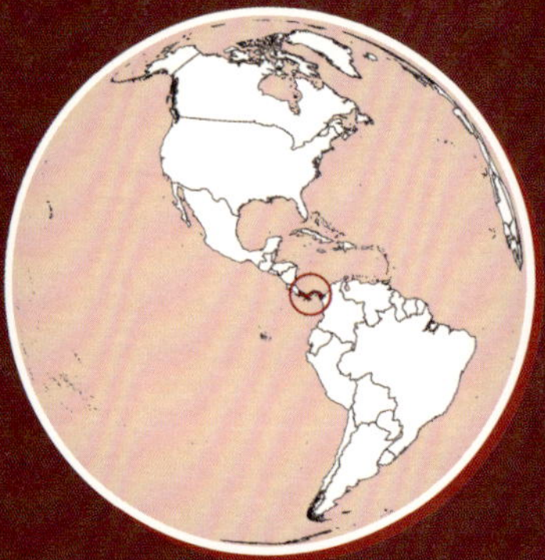

Beliebte Getränke

Fruchtgetränke Beliebt sind Chicha oder Batido genannte Fruchtsäfte, etwa auf Basis von Ananas, Wassermelone, Orange, Passionsfrucht oder Stachelannone. Häufig werden die Säfte mit Milch oder Kokosmilch gemischt.

Bier Neben Rum wird vor allem viel Bier getrunken. In Panama wird eine ganze Reihe von Bieren gebraut und auch die Vielfalt an Sorten ist recht groß. Am beliebtesten sind leichte Lagerbiere und bekannte Marken heißen etwa Atlas, Cristal, Balboa, Panamá oder Soberana.

Rum Der Nationalschnaps des Landes heißt Seco Herrerano und ist im Prinzip ein normaler Rum, der aus Zuckerrohr destilliert wird. Er wird entweder pur oder zusammen mit Fruchtsaft für Cocktails, mit Milch, Kokosmilch oder auf Eis getrunken.

1 **Salud** [Saluud]: »(Auf die) Gesundheit«
2 **Cheers** [Tschiers]: »Prost«

Puerto Rico

Häufig stößt der Gastgeber auf den Besuch an – und zwar beim ersten und letzten gemeinsamen Essen. Als Gast sollte man das Zuprosten mit sichtbarer Freude empfangen.

Vor allem Schnaps

Beliebte Getränke

Rum Auf Puerto Rico ist Rum ein besonders beliebtes Getränk und wird in rund 80 Varianten hergestellt. Unter anderem in einer großen Bacardi-Produktionsanlage für den Export in die USA, wohin 70 % des im Land hergestellten Rums gehen. Dadurch werden Importzölle für die Einfuhr von den Bermuda-Inseln, der Herkunft von Bacardi gespart. Dies alles hängt mit dem US-Embargo gegen Kuba mit seinen ebenfalls hochwertigen Rumsorten zusammen.

Mauby/Maví Ein traditionelles Getränk, das seit mehreren Hundert Jahren getrunken wird und heute im Supermarkt oder in sehr großen Plastikgefäßen am Straßenrand verkauft wird. Das süße und kohlensäurehaltige Getränk wird traditionellerweise auf Grundlage der Rinde des Mauby-Baums, mit Gewürzen, Zucker und Wasser hergestellt und zusammen mit Hefe fermentiert. Es gibt sowohl alkoholische als auch alkoholfreie Limonadenvarianten von Mauby.

Cheers [Tschiers]: »Prost«

Trinidad und Tobago

Die Trinkwassersituation der beiden karibischen Inseln Trinidad und Tobago hat sich in den vergangenen Jahren verschlechtert wegen nachlassender Niederschläge. Dazu kommt eine zum Teil marode Wasserinfrastruktur, über die Wasser verloren geht. Inzwischen muss über 20 % des Süßwassers durch Meerwasserentsalzung gewonnen werden.

Beliebte Getränke

Bier In Trinidad und Tobago wird bei alkoholischen Getränken vornehmlich Bier getrunken. Im Land selber werden die Biere Carib Beer und Stag gebraut. Daneben sind auch importierte Biere verfügbar. Neben normalen Bieren wird Ingwerbier getrunken, was aber nur im Namen Bier stehen hat und eher eine Limonade ist.

Mauby Ein besonders erfrischendes, leicht bitteres Getränk, das mit Extrakten der Rinde des Mauby-Baums hergestellt wird. Weitere Zutaten sind neben Zucker Gewürze wie Zimt und Anis. Mauby wird entweder privat hergestellt oder kann in Flaschen fertig gekauft werden.

Rum Als traditionelles Zuckerrohrland wird in Trinidad und Tobago auch Rum in großem Maßstab hergestellt. Beliebte Marken heißen etwa Vat 19 oder Black Label. Der Rum wird entweder pur oder in Mixgetränken getrunken. Eine Rum-Variante heißt Puncheon Rum und enthält mit 75 % deutlich mehr Alkohol.

Vor allem Bier, etwas weniger Schnaps und dann Wein

Beliebte Getränke

Limonaden Die US-Amerikaner lieben süße, limonadenartige Getränke wie Coca-Cola, Pepsi Cola, Mountain Dew, Root Beer (interessanter Geschmack!) oder Dr. Pepper. Häufig auch in ihren zuckerfreien Varianten mit chemischen Süßstoffen versetzt, da Zucker und Kohlenhydrate in den USA als »Fettmacher« verschrien sind.

Bier Beliebt bei alkoholischen Getränken ist in den USA an erster Stelle Bier. Die meist geschmacksarmen Standardbiere (v. a. die weit verbreiteten Budweiser- oder Miller-Biere) überzeugen deutsche Biertrinker in der Regel nicht. Ein Grund ist, dass die Biere meistens mit Mais anstatt mit Gerste gebraut werden und wenig Hopfen enthalten. Positiv ist anzumerken, dass in den letzten Jahrzehnten eine Mode rund um sog. Craft-Beer entstanden ist und mit vielen Kleinbrauereien die Vielfalt an Bieren zugenommen hat.

Wein Wein kommt in den USA fast immer aus Kalifornien. Der im Süden des Landes, am Pazifik gelegene Bundesstaat bietet sehr gute klimatische Bedingungen für den Weinanbau. In den letzten Jahrzehnten ist die Nachfrage nach Wein in den USA insgesamt sehr stark gestiegen.

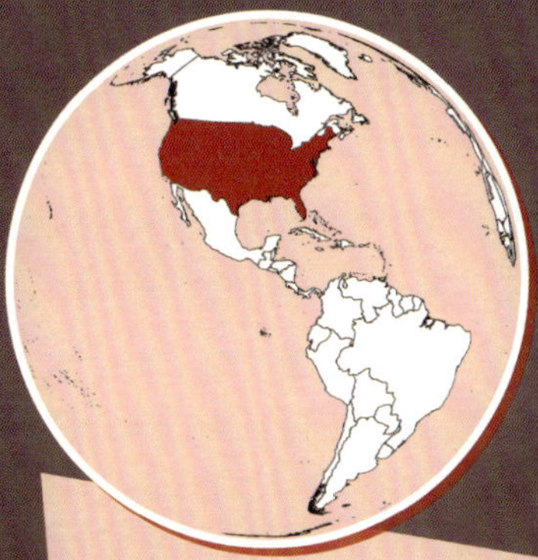

1 **Cheers** [Tsch<u>ie</u>rs]: »Prost«
2 **Here's to...** [H<u>iers</u>-tuh...]: »Auf...«

Vereinigte Staaten von Amerika

Zwar sind Trinkrituale nicht wirklich definiert, jedoch ist der Augenkontakt beim Anstoßen unüblich. Bei Hochzeiten soll der Trauzeuge das Glas zuerst erheben und einen Toast aussprechen.

Kleine Inseln in der Karibik

Cheers [Tschiers]: »Prost«

Bahamas, Inselstaat in der Karibik | 6,9 l
Barbados, Inselstaat in der Karibik | 6,8 l
Grenada, Insel in der Karibik | 12,5
Saint Kitts and Nevis, Inselpaar der Kleinen Antillen (Karibik) | 8,2 l
Saint Lucia, Insel der Karibik | 10,4 l
St. Vincent und die Grenadinen, Inselstaat in der Karibik | 6,6 l

Südamerika

Südamerika ist ein Kontinent, der zu einem großen Teil durch die tropische Klimazone geprägt ist, im Süden aber auch ein kühleres Klima aufweist. Im Westen des Kontinents spielt vor allem die Gebirgskette der Anden eine prägende Rolle.

Die Trinkgewohnheiten mäandrieren in südamerikanischen Ländern zwischen europäischer Einwanderungskultur und indigenen Einflüssen. Beim sozialen Zusammensein und Trinken bestehen meist weniger strikte Trinkregeln, zumindest außerhalb indigener Kontexte. Toasts und Trinksprüche sind aber recht verbreitet und man prostet sich zu, in etwa entsprechend der europäischen Kultur.

Europäisch geprägt ist auch die Weinanbaukultur der Länder Chile, Uruguay und Argentinien. Auf der traditionellen Seite ist etwa die Mate-Teekultur prägend, vornehmlich in Ländern wie Uruguay, Argentinien und Paraguay. Mate wird aus speziellen Gefäßen mit Strohhalmen getrunken. Das Teegetränk ist wichtig im Alltag der meisten Menschen und ist stark mit den jeweiligen nationalen Identitäten verbunden. In Argentinien, dem größten Mate-produzierenden Land weltweit, ist dem Getränk sogar ein Nationalfeiertag gewidmet.

Daneben ist in Andenländern wie Ecuador, Peru oder Bolivien das Getränk Chicha Morada oder Colada Morada verbreitet. Es handelt sich um ein nicht alkoholisches Erfrischungsgetränk, das meist aus Mais hergestellt wird. Schon zu Zeiten der alten Inka wurde das Getränk in der gesamten Region konsumiert. Im Gegensatz zu anderen maisbasierten Getränken ist es nicht fermentiert. Auch dieses Getränk ist zentral für einen Feiertag: den Allerseelen-Tag in Ecuador.

Salud [Saluud]:
»(Auf die) Gesundheit«

Argentinien

Wenn Bier getrunken wird, wird allen »Mittrinkenden« aus der gleichen Flasche eingeschenkt. Wenn einem zugeprostet wird, sollte man dies erwidern.

Vor allem Wein und Bier

Beliebte Getränke

Wein In Argentinien gehört Wein zu den Grundnahrungsmitteln und er wird meist standardmäßig zum Essen getrunken. Dem eher schlechten Image zum Trotz werden heute viele gute Weine im Land angebaut – vor allem Rotweine (70 %) und etwas weniger Weißweine (30 %).

Fernet Dieser ursprünglich italienische Bitter-Schnaps ist in Argentinien sehr beliebt. Er wird mit verschiedenen Kräutern wie Safran, Myrrhe oder Kardamom hergestellt und hat einen lakritzartigen Geschmack. Er wird normalerweise nach dem Essen zur Unterstützung der Verdauung getrunken, manchmal zusammen serviert mit Kaffee. Beliebt ist auch ein Mischgetränk mit Cola und Fernet.

Mate Das Teegetränk ist eng verwoben mit der argentinischen Kultur und das Land ist auch der weltweit größte Produzent von Mate. Der Tee wird aus speziellen Trinkbechern getrunken, die mit zerhackten Blättern der Pflanze gefüllt sind und mit heißem Wasser aufgegossen werden. Der Strohhalm aus Metall hat einen Filter, sodass die Blätter nicht in den Mund gelangen. Das Trinken von Mate ist häufig ein soziales Ereignis und Trinkgefäße werden in der Runde herumgereicht. Es gibt Mate aber auch in Teebeuteln im Laden zu kaufen.

1 **Salud** [Saluud]: »(Auf die) Gesundheit«
2 **Salud, dinero, amor y tiempo para disfrutarlo** [Saluud, dinärro, amorr-i-tiämpo para disfrudtta]: »Gesundheit, Geld, Liebe und Zeit, diese zu genießen«

Überwiegend Bier, etwas weniger Schnaps (u. a. in Cocktails)

5,9 l

Bolivien

In Bolivien lohnt sich der Besuch von Wochenmärkten, um einen Eindruck vom breiten und bunten Spektrum von interessanten Getränken und exotischen Früchten zu bekommen. Allerdings ist das Leitungswasser in Bolivien nicht sicher; den Genuss dieser schönen Getränke sollte man sich also gut überlegen.

Beliebte Getränke

Singani Der Nationalschnaps Boliviens. Es handelt sich um einen hochprozentigen Weinbrand, der vor allem in den Weinanbaugebieten des Landes hergestellt wird. Singani wird aus den Resten der Weinproduktion der Rebsorte Muscat d'Alexandrie destilliert und entspricht in etwa dem chilenischen und dem peruanischen Pisco.

Chuflay Ein traditionelles bolivianisches fruchtig-würziges Mixgetränk, das aus Ginger Ale oder Zitronenlimonade und dem Schnaps Singani gemischt wird. Chuflay wird mit Eis sowie einer Scheibe Limette getrunken.

Chicha Morada Ein nicht alkoholisches Erfrischungsgetränk, das aus lila (!) Mais hergestellt wird, der in den Anden wächst. Schon zu Zeiten der alten Inka wurde das Getränk in der gesamten Region getrunken. Im Gegensatz zu anderen maisbasierten Getränken ist dieses aber nicht fermentiert. Für die Herstellung wird der Mais zusammen mit Früchten wie Quitten, Ananas oder Zimt gekocht, mit Zucker gesüßt und kalt getrunken. Nach aktuellem wissenschaftlichem Stand soll lilafarbener Mais verschiedenen Krebsarten vorbeugen.

Beliebte Getränke

Cachaça Nationalschnaps in Brasilien mit einem Alkoholgehalt von maximal 48 %, der aus dem fermentierten Saft des Zuckerrohrs hergestellt wird. Er wird umgangssprachlich auch *»Pinga«* genannt (Fusel). Bekannte Marken sind u. a.: Pitú, Cachaça 51, Ypióca oder Velho Barreiro. Cachaça ist neben Limetten, Rohrzucker und Eis die Hauptzutat des »National-Cocktails« Caipirinha. In Brasilien trinkt man den Cocktail aber auch mit anderen Früchten anstelle der Limetten, zum Beispiel mit Maracuja.

Guaraná-Getränke Es werden verschiedene Getränke auf Basis der tropischen Frucht Guaraná hergestellt, oder der Saft wird pur getrunken. Eines dieser Getränke ist pink und heißt Guaraná Jesus: Eine sehr süße Limonade, die es bereits seit 1920 gibt.

Kokoswasser Ein erfrischendes Sommergetränk, bei dem die noch unreife, grüne Kokosnuss geöffnet und der Saft direkt getrunken wird. Man findet an Straßenrändern viele Verkäufer, aber auch fertig abgefülltes Kokoswasser in Supermärkten.

1 **Saúde** [Saaudsche]: »(Auf die) Gesundheit«
2 **Tim-Tim** [Tsching-Tsching]: »Kling-Kling« (Bezug nehmend auf den Klang, den die Gläser machen, wenn sie zusammenstoßen)

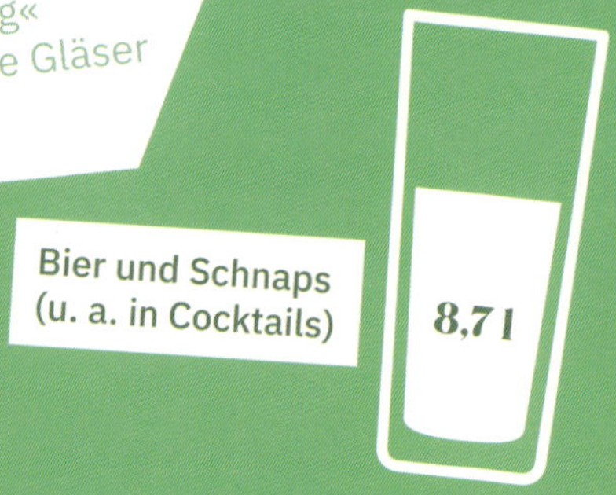

Brasilien

Die Arme sollten sich beim Anstoßen nicht überkreuzen, das bringt Unglück.

Ein Fakt zum Trinkwasser: Durch Dürren ist es in den vergangenen Jahren wiederholt zu Engpässen bei der Versorgung gekommen – und nicht die gesamte Bevölkerung Brasiliens hat Zugang zu sicherem Leitungswasser. Aus dem Wasserhahn kann man das Wasser aber zumindest in den Städten gut trinken (es schmeckt jedoch häufig nach Chlor).

Chile

Man sollte das Angebot für einen Drink nicht ausschlagen, das gilt als unhöflich. Der Gastgeber spricht zuerst einen Toast aus. Wenn auf einen angestoßen wird, soll man das erwidern.

1 **Salud** [Saluud]: »(Auf die) Gesundheit«

2 **Salud, dinero, amor y tiempo para disfrutarlo** [Saluud, dinärro, amorr-i-tiämpo para disfrudtta]: »Gesundheit, Geld, Liebe und Zeit, diese zu genießen«

Wein, etwas weniger Bier und Schnaps

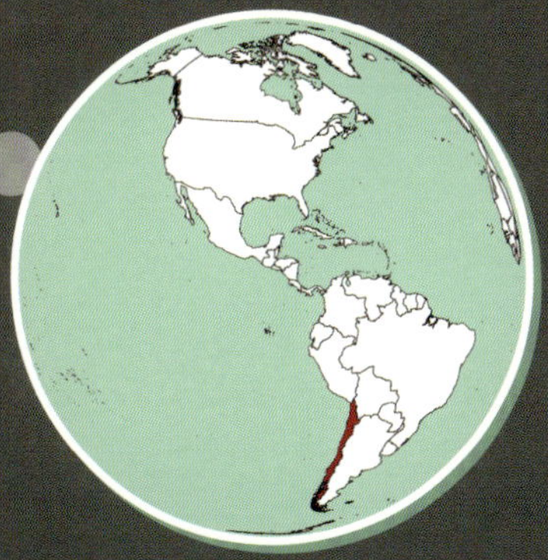

Beliebte Getränke

Wein Chile gilt als wichtigstes Weinland Südamerikas und das Getränk wird bereits seit der Zeit der Inka-Kultur angebaut. Die Weine des Landes haben einen guten Ruf und werden weltweit exportiert.

Limonaden (Bebidas) Chilenen sind Limonadengetränken sehr zugeneigt. Neben den Marken der Weltkonzerne gibt es im Land hergestellte Limonaden mit ungewöhnlichen Geschmacksrichtungen und Farben. Etwa die knallrote »Biltz«-Limonade oder das knallgelbe »Pap«. Daneben sind auch Fruchtsäfte sehr beliebt und sie werden gerne frisch getrunken. Beliebte Geschmacksrichtungen sind Himbeere, Orange oder Pfirsich.

Pisco und Pisco Sour Das Mixgetränk Pisco Sour gilt als Nationalgetränk Chiles – ebenso wie seine Hauptzutat, der Weinbrand Pisco. Neben Pisco enthält das Mischgetränk Zitronen, Rohrzucker und manchmal Eiklar. Der Alkoholgehalt ist für einen Cocktail recht hoch.

1 **Salud** [Saluud]: »(Auf die) Gesundheit«
2 **Salud, dinero, amor y tiempo para disfrutarlo**
[Saluud, dinärro, amorr-i-tiämpo para disfrudtta]:
»Gesundheit, Geld, Liebe und Zeit, diese zu genießen«

Ecuador

Es wird nicht unbedingt ein Toast ausgesprochen. Wenn doch, sollte man aufstehen, bis alle mit Trinken angefangen haben. Der erste Toast wird an den Gast gerichtet und der sollte diesen erwidern.

Vor allem Bier, weniger Schnaps (u. a. in Cocktails)

Beliebte Getränke

Bier Bier ist in Ecuador überaus beliebt und es wird stets sehr kalt getrunken. Große nationale Marken heißen zum Beispiel Pilsener oder Club Premium Lager. Beide stammen von der einzigen großen Brauerei des Landes namens Cervecería Nacional Ecuador, wobei es inzwischen aber auch eine Reihe kleinerer Brauereien im Land gibt.

Colada Morada Ein traditionelles Getränk in Ecuador, das am 2. November, dem christlichen Allerseelen-Tag *»Día de Difuntos«* konsumiert wird, an dem aller Toten gedacht wird. Das Getränk wird aus Maismehl und Früchten hergestellt und hat eine lila Farbe. Es wird heiß serviert, zusammen mit einem Brot in Menschenform.

Süßgetränke Aufgrund der großen botanischen Vielfalt gehören Fruchtsäfte in Ecuador zum Alltag. Dazu zählt vor allem Zuckerrohrsaft, der mit Zitrone getrunken wird. Canelazo ist ein weiteres beliebtes Getränk, das heiß getrunken wird. Es wird aus Wasser, dem Schnaps Aguardiente, aus Zuckerrohr sowie aus Zimt gemischt.

Guyana

Cheers [Tschiers]: »Prost«

Vor allem Schnaps und Bier

Der Alkoholkonsum in Guyana ist vergleichsweise hoch, ist in den vergangenen Jahren (mit steigendem Wohlstand) aber deutlich gesunken. Dennoch wird der zu hohe Alkoholkonsum in einigen Teilen der Bevölkerung, insbesondere bei jungen Menschen als Problem gesehen. Die Hälfte der 13- bis 15-Jährigen trinken Alkohol und 80 % zum ersten Mal vor dem 14. Lebensjahr.
Das Anstoßen ist allerdings unüblich: Beim Zuprosten einfach nur die Gläser heben.

Beliebte Getränke

Limonaden Besonders beliebt in diesem tropischen Land ist Limettenwasser: Es handelt sich um eine selbst gemachte Limonade mit Limetten an Stelle von Zitronen. Sorrel ist ein süßes dunkelrosa Getränk, das aus Hibiskusblüten hergestellt und vor allem zu Weihnachten getrunken wird.

Bier Das Getränk ist beliebt in Guyana und das »Nationalbier« heißt Banks. Es gibt Banks in mehreren Varianten, etwa als Lager- als Stoutbier oder als leichtes *»Carib beer«*. Beliebt sind aber auch das dunkle Mackeson's und ausländische Biere wie Heineken oder Guinness, das vor Ort unter Lizenz gebraut wird.

Mauby Eine Art Limonade, die ähnlich wie das US-amerikanische Root Beer schmeckt. Mauby wird mit Extrakten von Zimt und der Rinde des Mauby-Baums hergestellt. Das Getränk ist in großen Teilen der Karibik populär – und wirkt nebenbei bemerkt auch gut gegen Bluthochdruck.

Salud [Saluud]:
»(Auf die) Gesundheit«

Kolumbien

Wenn der Gastgeber einen Toast ausspricht, kann dieser vom Gast erwidert werden. Wein sollte immer nur mit der rechten Hand eingegossen werden.

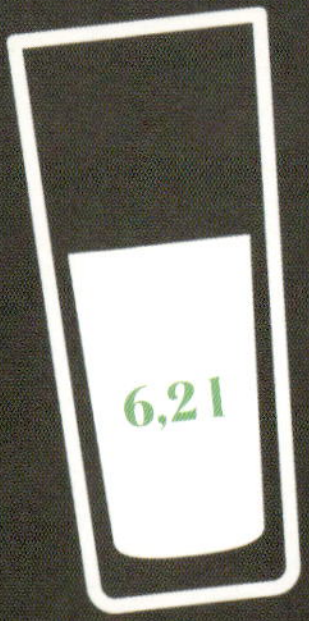

Vor allem Schnaps und Bier

Beliebte Getränke

Aguardiente Dieser Anisschnaps, der auch Guaro genannt wird, wird aus Zuckerrohr hergestellt und meist pur getrunken. In leichten Variationen gibt es diesen Schnaps in den meisten lateinamerikanischen Ländern und er wird häufig als Grundlage für Mixgetränke verwendet.

Chicha Es handelt sich um ein traditionelles Getränk der indigenen Bevölkerung aus den Anden. In der Regel wird Chicha aus fermentierter Mais-Maische zusammen mit Zucker hergestellt.

Kaffee Kolumbien ist eines der Hauptproduktionsländer für Kaffee (dritte Stelle nach Vietnam), der hier von meist sehr hoher Qualität ist.

Bier Das Getränk ist sehr beliebt und es werden bevorzugt helle Lagerbiere getrunken. Es gibt eine Vielzahl lokaler Brauereien, die recht gute Biere herstellen. Ein beliebtes Biermixgetränk heißt Refajo und ist eine Mischung aus Bier mit einer künstlich schmeckenden Limonade.

Vor allem Bier und Schnaps (u. a. in Cocktails), auch Wein

Beliebte Getränke

Tereré Dieses traditionelle Getränk wird aus den Blättern der Mate-Pflanze hergestellt, ergänzt zum Teil durch Minze. Tereré wird im Gegensatz zu Mate-Tee aber mit kaltem Wasser hergestellt, also nicht gekocht.

Caña Ein weißer Rum der auf Basis von Zuckerrohr hergestellt und pur mit Eis getrunken wird – oder in Cocktails und Longdrinks. Als besonders hochwertig gilt die Sorte Flor de Caña.

Bier In Paraguay wird viel Bier getrunken, wobei die Marken Pilsen und Polar Lager besonders beliebt sind. Es werden aber auch recht häufig ausländische Biere getrunken, wie Brahma aus Brasilien oder Quilmes aus Argentinien. Bier wird stets sehr kalt, nahe am Gefrierpunkt getrunken, in geselligen Runden bisweilen auch aus demselben Glas.

Salud [Saluud]:
»(Auf die) Gesundheit«

Paraguay

Der Alkoholkonsum in Paraguay gehört zu den höchsten in Lateinamerika, hat aber seit den 1990er-Jahren deutlich abgenommen. Unter der trinkenden Bevölkerung, insbesondere unter Männern, ist der Konsum im Land aber sehr hoch. Insgesamt trinkt etwa die Hälfte der Bevölkerung Alkohol und ein Viertel der Bevölkerung trinkt übermäßig viel.

Salud [Saluud]:
»(Auf die) Gesundheit«

Peru

Es gilt als unhöflich, allein mit dem Trinken zu beginnen. Nach dem *»salud«*, heben alle die Gläser und trinken den ersten Schluck gleichzeitig. Kein Protokoll oder festgelegtes Ritual für Toasts.

Beliebte Getränke

Inca Kola Das sehr süße Erfrischungsgetränk ist überaus beliebt im Land und es hat einen bonbonartigen Geschmack. Obwohl das Getränk von britischen Einwanderern erfunden wurde, wird es als Nationalgetränk gesehen und ist für viele Peruaner eng verwoben mit ihren nationalen Gefühlen (auch in Abgrenzung zur US-imperialistischen Coca-Cola).

Pisco Ein aus Weißwein hergestellter Weinbrand, der seit über 400 Jahren im Land produziert wird. Häufig wird Pisco im Mixgetränk Pisco Sour getrunken, bestehend aus Pisco, Zitronensaft, Zucker und Eiklar. Zwischen Peruanern und Chilenen gilt es als Konfliktthema, aus welchem der beiden Länder Pisco Sour ursprünglich stammt.

Chicha Morada Ein beliebtes und traditionelles Erfrischungsgetränk, das auf Basis von lila Mais seit den Zeiten der Inka hergestellt wird. Der Mais wird zusammen mit Gewürzen, Zucker und Früchten wie Ananas gekocht und dann kalt getrunken. Man kann das Getränk aber auch im Supermarkt fertig kaufen.

Vor allem Schnaps und Bier

Surinam

Vor dem Essen spricht der Gastgeber häufig einen Toast aus. Bevor es mit dem Essen losgeht, sollte man sich ggf. eine Serviette auf den Schoß legen.

1 **Proost** (Niederländisch) [Proost]: »Prost«
2 **Gezondheid** (Niederländisch) [Gesondheit]: »(Auf die) Gesundheit«

Beliebte Getränke

Dawet Ein erfrischendes, tropisches Kokosmilchgetränk, das mit Sirup, Lemongras, etwas Salz und Wasser oder zerstoßenem Eis gemixt wird. Ursprünglich stammt das Getränk aus Indonesien und gelangte im Zuge von Einwanderung und Kolonisation nach Surinam.

Gemberbier Es handelt sich um ein Ingwergetränk, das trotz des Namens eher eine Limonade als ein Bier ist. Geschmacklich ähnelt es dem westlichen Ginger Ale. Ein Unterschied ist, dass Gemberbier deutlich mehr Ingwer und etwas Nelken enthält und daher würziger und intensiver im Geschmack ist.

Bier Neben Rum ist Bier sehr beliebt in Surinam und eine weit verbreitete Marke heißt Parbo Bier. Daneben werden gerne Stout-Biere wie Guinness oder Parbo Stout getrunken. Bier kann meist in 1 Liter großen Flaschen erworben werden.

Salud [Saluud]:
»(Auf die) Gesundheit«

Uruguay

Ein Fakt zur Wassersituation: Uruguay leidet seit einiger Zeit unter einem Süßwassermangel. Zeitweise wurde Flaschenwasser daher subventioniert. Im Allgemeinen ist die Trinkwasserqualität im Land aber vergleichsweise gut.

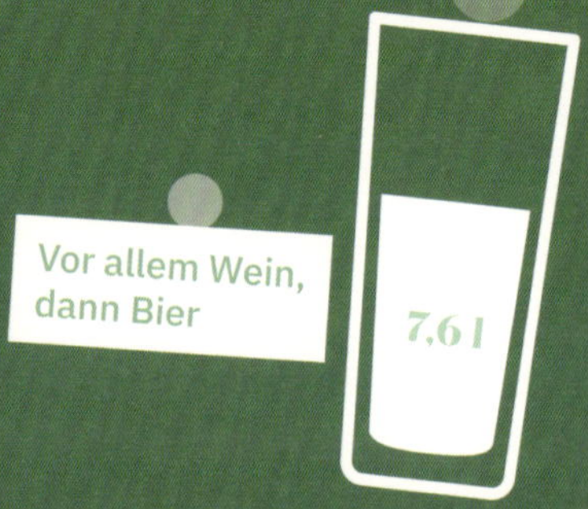

Beliebte Getränke

Mate-Tee Der anregende Tee ist sehr beliebt in Uruguay und wird meist aus Holzbechern mit einem Metallstrohhalm getrunken. Statistisch betrachtet, verbrauchen die Menschen in Uruguay pro Kopf mehrere Kilo Matetee pro Jahr. Im Land selber wird der Tee nicht angebaut, sondern aus anderen südamerikanischen Ländern importiert.

Caña Ein beliebter Rum, wie er in vielen Ländern Südamerikas aus Zuckerrohr hergestellt wird. Es gibt verschiedene Varianten des Getränks – je nach Alter der Lagerung. Caña wird entweder pur oder in Longdrinks getrunken.

Wein Uruguay ist trotz seiner geringen Fläche der viertgrößte Weinhersteller in Südamerika. Der Weinanbau wurde im Land seit der 2. Hälfte des 19. Jahrhunderts von spanischen und italienischen Einwanderern begonnen. Besonders bekannt ist die Rotwein-Sorte Tannat, die auch die größte Weinanbaufläche des Landes beansprucht.

Beliebte Getränke

Bier Das beliebteste alkoholische Getränk des Landes. In Venezuela werden verschiedene Biersorten seit dem 19. Jahrhundert hergestellt und das Land hat heute mit den höchsten Pro-Kopf-Verbrauch an Bier in Südamerika. Marktführer mit über 80 % Marktanteil sind die Biere der Firma Empresas Polar mit einem Eisbären auf dem Logo.

Süßgetränke und Limonaden Beliebt ist besonders Papelón con limón, bestehend aus Panela, also verkochtem Zuckerrohrsaft, Wasser und Limette oder Zitrone. Limonaden und Cola werden auch für Longdrinks wie für das im Land beliebte Cuba Libre verwendet. Batidos sind weit verbreitete Säfte aus frischen Früchten.

Chicha Ein etwas unkonventionelles Getränk, das in der gesamten Andenregion getrunken wird. In Venezuela wird es eher ohne Mais hergestellt und besteht hier aus gekochtem Reis, Milch und Zucker. Die Zutaten werden vermischt und direkt getrunken oder zuvor vergoren. Man kann das erfrischende Getränk am Straßenrand vieler Städte kaufen.

Salud [Saluud]:
»(Auf die) Gesundheit«

Überwiegend Bier, etwas weniger Schnaps (u. a. in Cocktails)

Venezuela

Bei formaleren Anlässen sollte man warten, bis der Gastgeber einen Toast ausgesprochen hat, bevor man trinkt.

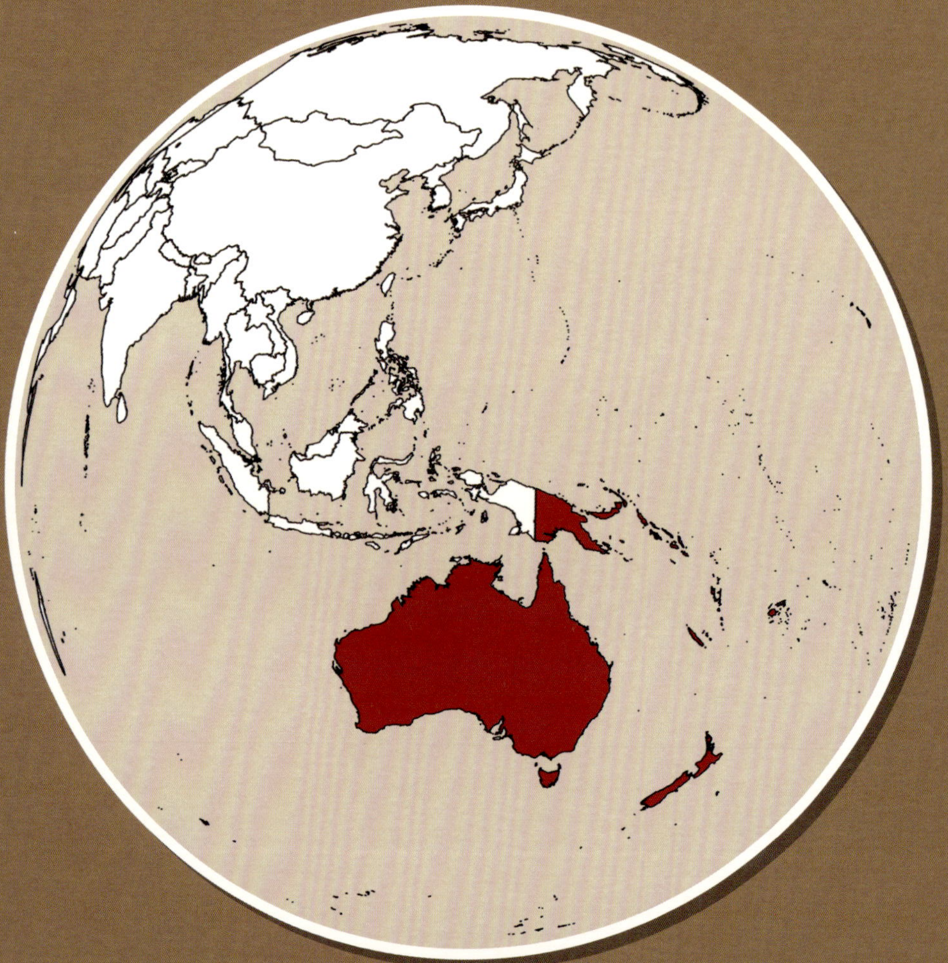

Australien und Ozeanien

Der Kontinent Australien wird hier gemeinsam gefasst mit Ozeanien, also den zahlreichen Inseln des Pazifik.

Insbesondere die Menschen in Australien und Neuseeland sind geprägt von einer überwiegend europäischen Kultur und sind dem Alkohol somit sehr zugeneigt. Trinkrituale sind in den beiden Ländern stark an europäische Sitten und Bräuche angelehnt, wobei man insbesondere in Australien sehr trinkfreudig ist. In dem Land wird erwartet, dass man sich beim gemeinsamen Trinken gegenseitig Runden ausgibt. In beiden Ländern wird viel Wein angebaut und weltweit exportiert. Besonders Australien ist ein weltweit wichtiges Produktionsland für das Getränk.

Ozeanien besteht jenseits von Australien aus Tausenden über den Pazifik verteilten Inseln, von denen viele auch heute noch zu ehemaligen Kolonialmächten gehören oder von ihnen abhängig sind.

Eine Besonderheit in den Trinkkulturen dieser Weltregion sind traditionelle Getränke auf Basis von Kava-Wurzeln, die häufig im Rahmen von Festen und Ritualen in sozialen Runden sowie explizit spirituell-rituellen Kontexten getrunken werden. Und die zum Teil den Status von Nationalgetränken innehaben. Kava-Getränke werden aus speziellen Gefäßen wie halbierten Kokosnussschalen getrunken. Sie wirken leicht berauschend und spannungslösend, sind vermutlich aber auch gesundheitsschädlich.

Viele Inseln des Pazifik haben ein tropisches Klima, weshalb Getränke auf Basis von Palmsaft verbreitet sind. Auch andere erfrischende Getränke und Longdrinks die etwa aus Kokos oder tropischen Früchten wie Mango, Ananas oder Zitrusfrüchten hergestellt werden, sind in den Ländern in Nähe zum Äquator verbreitet. Wie in den meisten anderen Weltregionen auch, ist Bier sehr beliebt und wird im Lichte sehr hoher Temperaturen meist eiskalt getrunken. Insgesamt wird in Ozeanien statistisch dennoch deutlich weniger Alkohol pro Kopf getrunken als in Australien oder Neuseeland.

1 **Cheers** [Tschiers]: »Prost«
2 **Bottom's up** [Bahttems ap]: »Auf ex«

Australien

Bekannt ist das Ritual *shout:* Jeder in der Gruppe gibt nacheinander für die anderen ein Getränk aus. Wenn einem zugeprostet wird, sollte man dies erwidern.

Vor allem Bier und Wein, etwas weniger Schnaps

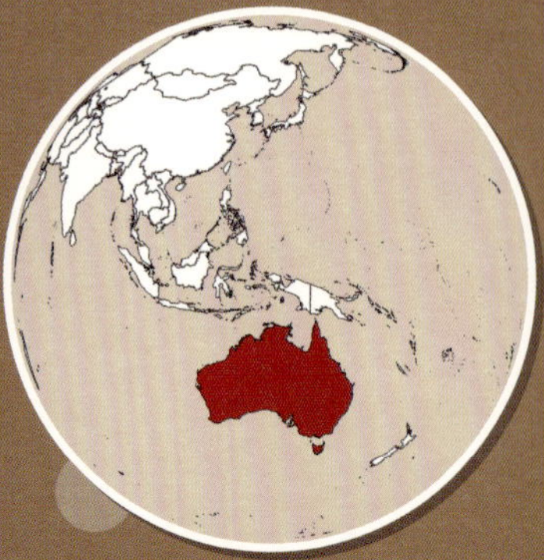

Beliebte Getränke

Bier Das wichtigste Getränk in Australien, wobei sich der Alkoholkonsum in den letzten Jahrzehnten stärker auf andere Getränke verlagert hat – etwa zugunsten von Wein. Australier bevorzugen vor allem untergärige Lagerbiere. Entgegen der Meinung vieler Nicht-Australier ist Foster's Lager kein beliebtes Bier auf dem Kontinent. Beliebte Marken sind etwa Carlton in verschiedenen Varianten, Castlemaine XXXX oder Tooheys.

Wein In Australien wird flächenmäßig relativ viel Wein angebaut, vor allem im Süden des Kontinents. Die angebauten Rebsorten wurden aus europäischen Ländern übernommen und seit den 1970er-Jahren ist eine lebendige Weinkultur im Land entstanden. Viel vom Wein wird exportiert, etwa nach Großbritannien und in die USA.

Bundaberg Rum Der bekannteste Rum des Landes trägt den Namen seiner Herkunftsstadt und wird auch kurz Bundy genannt. Er wird aus den Resten der Zuckerproduktion destilliert, hat eine dunkle Färbung und kann pur oder als Bestandteil von Mixgetränken, gemischt mit Cola gekauft werden.

Beliebte Getränke

Kava Es handelt sich um ein nicht alkoholisches Getränk, das aus Wurzel- und Rindenextrakten der Kava-Pflanze hergestellt wird und seit etwa dreitausend Jahren zur lokalen Kultur gehört. Seit einiger Zeit steht es im Verdacht, aufgrund der in der Kava-Pflanze enthaltenen Substanz Pipermethystin leberschädigend zu sein. Die Substanz befindet sich allerdings hauptsächlich im Stängel und den Blättern, die für das Getränk eher nicht verarbeitet werden. Kava hat eine entspannende und schmerzlindernde Wirkung.

Cocktails Beliebtes alkoholisches Mischgetränk ist etwa Blue Hawaii, bestehend aus Rum, Blue Curaçao und Ananassaft. Mai Tai gilt als der beliebteste Cocktail der Insel. Er besteht aus Rum, Orange Curaçao, Orangen- und Limettensaft. Das tropische Frucht-Mischgetränk POG, das seit den 1970er-Jahren auf Hawaii getrunken wird, wird aus Maracuja, Orange und Guave gemischt.

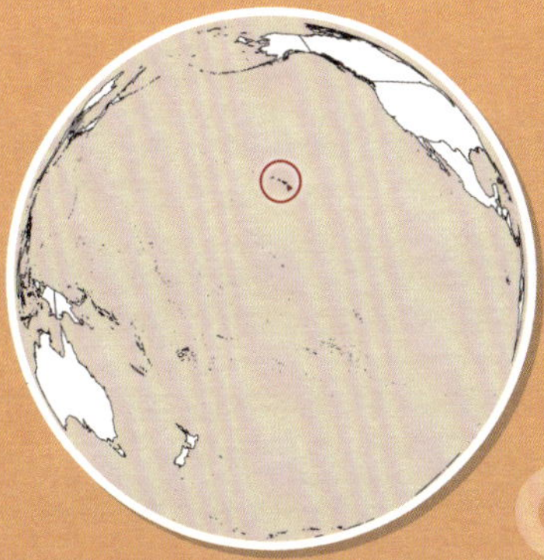

1. **Kāmau** [kah-mauh]: »Prost«
2. **Okole Maluna** [Ohkohlai-Mah-luhnah]: »Auf ex« (Gilt z.T. als vulgär)
3. **Cheers** [Tschiers]: »Prost«

Hawaii

Bundesstaat der USA

Vor allem Schnaps und Bier

Hawaii leidet unter einem Mangel an sauberem Trinkwasser, da im Zuge des Klimawandels die Niederschläge der tropischen Lage zum Trotz um knapp ein Fünftel abgenommen haben. Dazu kommen starke Verunreinigungen des Trinkwassers aufgrund von Altlasten in einem großen Militärhafen.

Cheers [Tschiers]: »Prost«

Neuseeland

In Neuseeland wird recht viel Alkohol getrunken, insbesondere in der indigenen Maori-Bevölkerungsminderheit. Insgesamt ist der Konsum heute etwas niedriger als in den 1980er-Jahre und 1990er-Jahren, aber ist immer wieder ein Thema in gesellschaftlichen Auseinandersetzungen. Zum Beispiel wurde schon einmal diskutiert, ob es der Rugby-Nationalmannschaft erlaubt sein sollte, nach Siegen exzessiv zu trinken.

Vor allem Bier und Wein

10,9 l

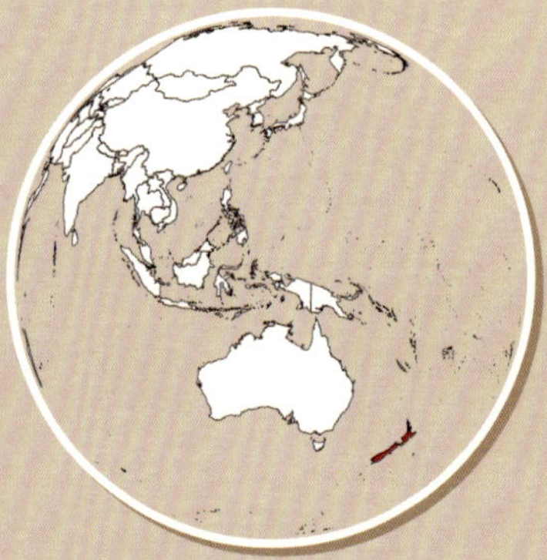

Beliebte Getränke

L&P Eine Limonade, die mit vollem Namen Lemon & Paeroa heißt und inzwischen (leider) vom Coca-Cola-Konzern hergestellt wird. Das Getränk wurde 1907 erfunden und besteht aus Zitronensaft, etwas Zucker und Mineralwasser. Zum Teil wird L&P auch in Großbritannien und Australien getrunken.

Wein In Neuseeland werden hervorragende Weine hergestellt. Die meisten von ihnen stammen aus der überaus sonnenreichen Region Marlborough. Die am häufigsten produzierte Rebsorte ist mit Abstand Sauvignon Blanc.

Bier Ein sehr beliebtes Getränk in Neuseeland mit einer Vielzahl kleinerer Brauereien, die über das Land verteilt sind. Für Touristen werden auch Bier-Touren angeboten. Beliebt unter den verbreiteten Biersorten sind etwa die Marken Wild Buck, Steinlager oder Emerson's. Im Gegensatz zu Australien werden in Neuseeland eher Ales als Lagerbiere bevorzugt.

Beliebte Getränke

Kava-Getränk Die Wurzeln der Kava-Pflanze werden traditionell dazu verwendet, um ein Getränk herzustellen, das unter anderem zu kulturellen oder religiösen Anlässen getrunken wird. Es hat eine gewisse Rauschwirkung und wirkt auch gut gegen Spannungszustände oder Angst.

Kulau Ein Getränk, das im Prinzip einfach nur das Kokoswasser aus noch grünen, frisch geöffneten Kokosnüssen ist. Kulau schmeckt sehr erfrischend, besonders im tropischen Papua-Neuguinea.

Bier Ein sehr beliebtes Getränk im Land, wobei vornehmlich Lagerbiere verbreitet sind. Lokale Biermarken sind etwa das am häufigsten getrunkene SP Lager sowie Niugini Ice und South Pacific.

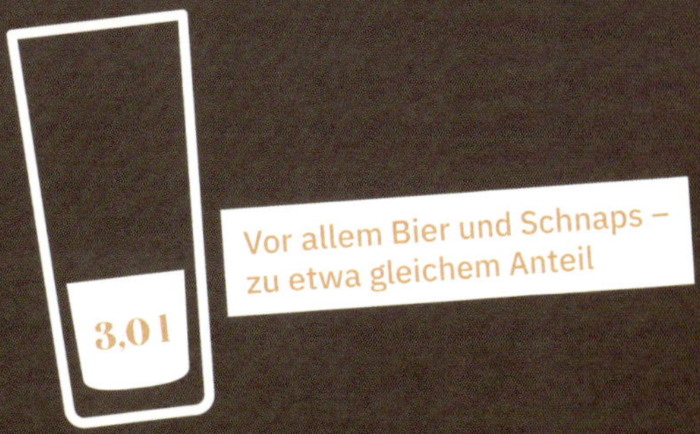

Cheers [Tsch<u>ie</u>rs]: »Prost«

Papua-Neuguinea

Alkoholismus ist ein großes gesellschaftliches Problem in Papua-Neuguinea, insbesondere bei jungen Menschen. Probleme sind kaum vorhandene staatliche Beschränkungen und niedrige Preise für Alkohol. Der Alkoholkonsum pro Kopf ist nach einigen Quellen deutlich höher als entsprechend der oben zitierten WHO-Zahl.

Republik Fidschi

Erwähnenswert ist die Kava-Zeremonie auf den Fidschi-Inseln in deren Rahmen Yaqona hergestellt und getrunken wird. Dabei wird das Getränk etwa Gästen zur Begrüßung in einer feierlichen Atmosphäre überreicht. Es wird erwartet, dass sich Gäste dabei zurückhaltend verhalten und kleiden und dem lokalen Dorfoberhaupt eine Kava-Wurzel mitbringen.

Cheers [Tschiers]: »Prost«

Vor allem Bier, etwas weniger Schnaps

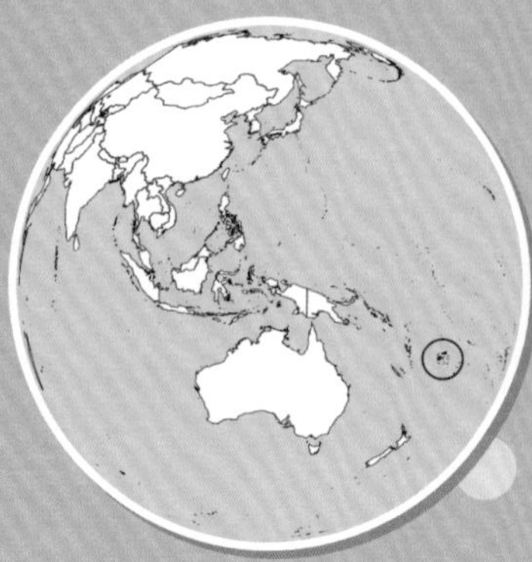

Beliebte Getränke

Bier Im heißen Klima der Inseln wird viel kaltes Bier getrunken. Fiji Bitter (ein Lagerbier) und Carlton sind dabei die beliebtesten Marken, die beide zum Coca-Cola-Konzern gehören.

Yaqona Ein Getränk, das aus den Wurzeln des Kava-Baums, also der Pfefferpflanze hergestellt wird. Der Geschmack ist erdig und wurzelartig. Das Getränk wird auch für medizinische Zwecke als Schmerzmittel und bei Zeremonien getrunken und hat eine anregende bzw. aufputschende Wirkung. Yaqona gilt als Nationalgetränk auf Fidschi.

Flaschenwasser Ein wichtiges Exportgetränk der Fidschi-Inseln ist das Lifestyleprodukt »Fiji Water«, das in den USA in PET-Flaschen für deutlich über 2–3 US-Dollar pro Liter verkauft wird. Man transportiert das einfache Wasser zudem über eine Distanz von mindestens 8.700 km. Umwelttechnisch ist das natürlich Wahnsinn.

Kleine Inseln im Pazifik

Cheers [Tschiers]: »Prost«

Cook Inseln, Inselstaat im Pazifik | 6,4 l
Mikronesien, Inselstaat im Westpazifik | 3,3 l
Marshallinseln, Inselstaat im Westpazifik | k.A.
Nauru, Inselstaat im Westpazifik | 3,5 l
Niue, Inselstaat im Pazifik | 8,0 l
Salomonen, Inselstaat im Westpazifik | 1,7 l
Tonga, Inselstaat im Pazifik | 1,6 l

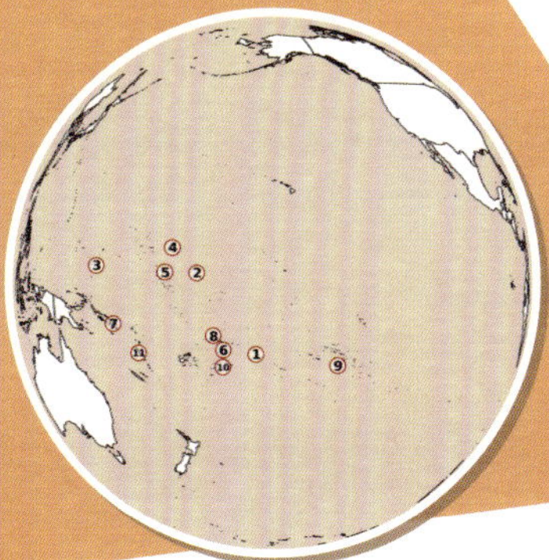

1 **Cheers** [Tschiers]: »Prost«
2 **Marurung** [Mah-rurung]: »Auf die Gesundheit«

Kiribati, Inselstaat im Westpazifik | 3,0 l

1 **Manuia** [Mahnujah]: »Prost«
2 **Cheers** [Tschiers]: »Prost«

Samoa, Inselstaat im Pazifik | 3,6 l
Tuvalu, Atoll-Inseln im Westpazifik | 1,5 l

Manuia [Mahnujah]: »Prost«

Tahiti, Insel im Pazifik | k.A.

Rum-Lied
(An Emilie)

Und ist auch noch so dünn der Tee
Und tut dir irgendwo was weh,
Rum, Rum,
Dann sind gleich alle Schmerzen stumm.

Und liest du ein »Sensation«-Buch
Voll Gift und Mord und Vaterfluch,
rum, rum,
Nicht alle Bücher sind so dumm.

Und geht im Leben etwas schief
Und steht der Barometer tief,
rum, rum,
Ein Tag gestaltet alles um.

Und ärgert dich ein Blick, ein Wort,
Tu's schnell aus deiner Seele fort,
rum, rum,
Ist aller Weisheit Satz und Summ'.

Und ist man endlich worden alt,
Und wird es öde, bitter kalt, –
rum, rum,
Wir wechseln unser Publikum.

(Theodor Fontane, 1866, aus: Ettlinger, J. (Hrsg.): *Aus dem Nachlass von Theodor Fontane* (Zweite Auflage). Berlin, 1908)

Danksagung

Ich danke allen Personen aus meinem privaten und dem Verlagsumfeld, die sich mit inhaltlichen Ratschlägen, guten Ideen und konkreten Informationen zu den Trinkkulturen an der Entstehung des Buchs beteiligt haben. Des Weiteren danke ich meiner Familie für ihre Geduld wegen meines schriftstellerischen Abgelenktseins.

Impressum

Infanteriestraße 11a
80797 München

ISBN 978-3-95889-474-7

Autor: Christopher Stark
Verantwortlich: Matthias Walter
Produktmanagement: Svenja Müller
Korrektorat: Christiane Gsänger
Einbandgestaltung: Favoritbuero, München, unter Verwendung von Sensvecotr / Shutterstock und GoodStudio / Shutterstock
Layout: CONBOOK Medien GmbH, Neuss, unter Verwendung einer Illustration Glitter_Klo / Shutterstock (Gläser)

Printed in Turkey by Elma basim

★★★★★

Sind Sie mit diesem Titel zufrieden? Dann würden wir uns über Ihre Weiterempfehlung freuen.

Erzählen Sie es im Freundeskreis, berichten Sie Ihrem Buchhändler, oder bewerten Sie bei Onlinekauf. Und wenn Sie Kritik, Korrekturen, Aktualisierungen haben, freuen wir uns über Ihre Nachricht an Bruckmann Verlag, Postfach 40 02 09, D-80702 München oder per E-Mail an lektorat@verlagshaus.de

Unser komplettes Programm finden Sie unter www.conbook-verlag.de

Kneipenwissen

Das »Super«-Getränk

Chicha wird in verschiedenen Varianten in den **Anden-Länder im Westen Südamerikas** hergestellt. Das Getränk wird auf Basis von Mais zusammen mit Früchten, Gewürzen und Zucker fermentiert und dann kalt getrunken. Insbesondere die Varianten mit lilafarbenem Mais *(Chicha Morada)* sollen wegen der enthaltenen Antioxidantien gegen Krebs vorbeugen.

Fun-Fact: Schon zu Zeiten der alten Inka wurde Chicha hergestellt, hier unter Zuhilfenahme von Maismehl, das von Menschen zuvor durchgekaut worden war. Dadurch wurde Stärke mit Speichel in Zucker für die Gärung umgewandelt.

Südamerika ab Seite 185

Das kurioseste Getränk

Ranon'Ampango / Ranovola ist ein in **Madagaskar** verbreitetes Nationalgetränk aus angebranntem Reis. Der im Topf nach dem Kochen angebrannte Reis wird mit Wasser übergossen und erneut aufgekocht. Das bräunliche Getränk wird dann gefiltert und als Ersatz für Wasser kalt getrunken. Der Geschmack des leicht bitteren Getränks ist für mitteleuropäische Gaumen ungewohnt, das Getränk soll aber gegen die Reisekrankheit helfen.

Madagaskar auf Seite 140

Das gewöhnungsbedürftigste Getränk

Baijiu ist ein potenter Schnaps der in **China** hergestellt wird – und zwar aus verschiedenen Getreidearten, mit 50–65 % Alkoholgehalt und einem Geruch irgendwo zwischen süßlicher Fäulnis, Lösungsmitteln und Kerosin.

China auf Seite 70

Das göttlichste Trinkritual

Auf **Kuba** wird der erste Schluck Schnaps »für die Götter« ausgeschüttet.

Kuba auf Seite 175

Das fragwürdigste Lifestyle-Getränk

Ein wichtiges Exportgut **Fidschis** ist das »Fiji Water«, das im Westpazifik aus dem Boden gepumpt und dann fast ausschließlich in die USA exportiert wird. Die PET-Flaschen mit diesem schlichten Wasser kosten dort 2–3 US-Dollar pro Liter (!). Das Wasser wird über den Seeweg über eine Distanz von mindestens 8.700 km mit Containerschiffen (Schweröl) transportiert. Und dann noch mal maximal 4.500 Km durch die USA mit LKW (Diesel).

Republik Fidschi auf Seite 204

Der Top-Bier-Exporteur

Mexiko ist mit Abstand der größte Bierexporteur weltweit. Beliebte Marken wie Corona oder Sol sind international bekannt. Normalerweise steckt man in Mexiko vor dem Trinken ein Stückchen Zitrone oder Limette in den Flaschenhals. Zum Teil wird Bier auch mit Chilisauce und/oder Salz gewürzt getrunken.

Mexiko auf Seite 176